Theologische Impulse
Band 19

Gesetz und Evangelium

Zuspruch und Anspruch in Bibel,
Verkündigung und Seelsorge

Herausgegeben von:

Wilfrid Haubeck
Wolfgang Heinrichs

Redaktion:
Wolfgang Heinrichs

D1640260

SCM Bundes-Verlag

© 2009 SCM Bundes-Verlag, Witten
Umschlag: Wolfgang de Vries, Wetter
Satz: Breklumer Print-Service, Breklum
Druck: Bercker Graphischer Betrieb, Kevelaer
ISBN 978-3-933660-52-7
Bestell-Nr. 208.852

INHALT

Vorwort

Manch ein Teilnehmer der Theologischen Woche 2009 im Kronberg-Forum war überrascht, wie aktuell und lebendig das Thema „Gesetz und Evangelium" für ihn wurde. Es wurde schnell deutlich, dass es dabei nicht um eine Zuordnung Gesetz = Altes Testament und Evangelium = Neues Testament geht. Wir finden vielmehr im Alten wie im Neuen Testament sowohl den Anspruch Gottes an unser Leben, seine Weisung und Forderung, als auch seinen Zuspruch, seine Verheißung und seinen Trost. Es kommt jedoch darauf an – wie Martin Luther zu Recht hervorhebt –, in rechter Weise zwischen Gesetz und Evangelium zu unterscheiden. Denn dies sei die höchste Kunst, und daran hänge die gesamte Theologie. Das Gesetz sagt uns im Namen Gottes, was *wir* tun sollen, und das Evangelium sagt uns, was *Gott* zu unserem Heil tut und getan hat. Das darf nicht verwechselt und vermischt werden.

Gegenüber einer auch in der Gemeinde zu findenden Abwertung des Alten Testaments betont Frank Crüsemann die Bedeutung der Tora – des Gesetzes – als Heilsgabe Gottes. Hans Joachim Eckstein zeigt in seinem Aufsatz, dass auch im Neuen Testament bei Paulus von Gesetz und Weisung die Rede ist. Anhand von Galater 2,11-21 entfaltet er, in welcher Weise sich die Rolle des Gesetzes durch Jesus Christus verändert hat und das Evangelium uns befreit. Dann bedeutet Heiligung nicht, dass wir uns unseren geistlichen Puls fühlen, sondern dass wir das Herz Gottes fühlen, das für uns schlägt.

Im Verlauf der Kirchengeschichte ist die Bedeutung von Gesetz und Evangelium unterschiedlich verstanden worden. Das wirkt bis heute in Theologie und Gemeinde fort. Deshalb kommen vier Theologen über die Frage ins Gespräch, was für sie Gesetz und Evangelium bedeuten: Martin Luther, Johannes Calvin, Karl Barth und Paul Althaus. Jeder von ihnen wird von einem anderen Autor vorgestellt.

Wolfgang Theis und Stephan Noesser entfalten das Thema Gesetz und Evangelium im Blick auf die Praktische Theologie und die Praxis von Verkündigung und Seelsorge. Sie zeigen, welche Bedeutung das Thema für den Dienst in der Gemeinde heute noch hat.

Ich wünsche mir, dass dieser neue Band der *Theologischen Impulse* dazu beiträgt, den eigenen Standpunkt zu klären und ein tieferes Verständnis von Gesetz und Evangelium zu gewinnen. Denn das hilft zu einem Glauben, der in der Freiheit Christi und entsprechend dem Wort Gottes gelebt wird.

Wilfrid Haubeck

Tora als Heilsgabe im Alten Testament[1]

Frank Crüsemann

1. Vorbemerkung

Das mir gestellte Thema „Tora als Heilsgabe im Alten Testament"
wirft sofort eine Fülle von Fragen auf: Was für ein Heil ist gemeint? In
welchem Sinne und für wen? Geht es nur um Heil damals vor Christus
oder auch danach und bis heute? Einen dieser Aspekte möchte ich im
Sinne einer kurzen Vorausanzeige meinem Aufsatz voranstellen.

Es handelt sich dabei um eine Dimension der Themenfrage, für die ich
an einen aktuellen Streit in der katholischen Kirche erinnern möchte.
Er ist vor etwa einem Jahr äußerst heftig aufgeflammt und war dann
etwas hinter den Kontroversen um die Piusbruderschaft zurückgetre-
ten – aber es ist die Kombination dieser Ereignisse, die die eigentlichen Fragen aufwirft. Es geht um die Bitte für die Juden in der Kar-
freitagsliturgie[2]. Ursprünglich hieß es auf Lateinisch: *oremus et pro
perfidis Judaeis*; wir beten für die ungläubigen, treulosen, eben „perfiden" Juden, „dass Gott den Schleier von ihrem Herzen hinweg-
nehme, auf dass auch sie unseren Herrn Jesus Christus erkennen".
Seit 1970 und in der deutschen Fassung seit 1976 heißt es in der Folge
des 2. Vatikanischen Konzils: „Lasset uns auch beten für die Juden, zu

---

[1] Dieser Aufsatz wurde als Vortrag bei der Theologischen Woche des Bundes Freier
evangelischer Gemeinden am 17.3.2009 in Ewersbach gehalten. Der Vortragsstil
wurde beibehalten und nur durch die wichtigsten Belege ergänzt. Für exegetische
Details und ausführlichere Begründungen sei verwiesen auf Frank Crüsemann, Die
Tora. Theologie und Sozialgeschichte des alttestamentlichen Gesetzes, Gütersloh
³2005 (Sonderausgabe); ders., Maßstab: Tora. Israels Weisung für christliche Ethik,
Gütersloh ²2004.

[2] Eine Dokumentation des Konflikts und der Texte bieten: Walter Homolka/Erich Zenger (Hrsg.), „... damit sie Jesus Christus erkennen". Die neue Karfreitagsbitte für
die Juden, Freiburg u.a. 2008.

denen Gott ... zuerst gesprochen hat. Er bewahre sie in der Treue zu seinem Bund und in der Liebe zu seinem Namen, damit sie das Ziel erreichen, zu dem sein Ratschluss sie führen will." Das ist die gültige Normalfassung im katholischen Gebetbuch seit über 30 Jahren. Da Bund und Tora nicht zu trennen sind und die Treue zu Gottes Bund, um die hier für die Juden gebetet wird, auch die Treue zur Tora umschließt –, sind wir bei unserem Thema. Bund und Tora und damit die Treue zum Namen Gottes – das ist in dieser Fassung das auch von Christen anerkannte und von Gott erbetene Heil für die Juden. Im Zusammenhang der Widerzulassung der lateinischen Messe als Zugeständnis an die Piusbruderschaft und andere drohte auch die Wiedereinführung der alten Bitte für bzw. gegen die „perfiden Juden". Dagegen hat Benedikt XVI. *motu proprio*, also ganz persönlich, eine neue Fassung formuliert: „dass Gott ihre Herzen erleuchte, damit sie Jesus Christus als den Heiland aller Menschen erkennen". Das Heil für die Juden liegt hier (wieder) in der Anerkennung Jesu, nicht mehr allein in Bund und Tora als der ihnen gegebenen Heilsgabe Gottes. Dieser halbe Rückschritt hat einen bis heute nicht beendeten Protest jüdischer, aber auch katholischer Menschen und Instanzen herbeigerufen.

Ich stelle diese Vorbemerkungen deshalb an den Anfang, ohne jetzt auf Details und die damit aufgeworfenen Fragen näher einzugehen, weil ich glaube, dass damit genau der Punkt markiert ist, an dem wir heute theologisch stehen, und weil ich mir ein geschwisterliches und kreatives, vor und in allem aber um die Schrift bemühtes Ringen erhoffe, ein Ringen um die Frage, wie sich die Heilsgabe von Bund und Tora zuerst an Israel und unser Glaube an Jesus Christus zueinander verhalten. Jedes Bemühen, die biblische Heilsgabe der Tora zu verstehen, kann dazu vielleicht ein Beitrag sein.

2. Freude an der Tora

Wo Heil ist, da ist Freude. Ich möchte deshalb einsetzen mit dem Thema „Freude an der Tora". Das ist ein starkes alttestamentliches Motiv, das allerdings immer noch manchmal Christen überrascht, für die die Tora bzw. das alttestamentliche Gesetz als, wie es dann heißt, „drückende Last" vorgestellt wird, Leistung fordernd und mit Strafen drohend, Versagen, Schuld, Gericht nach sich ziehend – eine letztlich negative Größe, zu der dann das Evangelium als Gegensatz treten kann. Das alles ist bekanntlich die Folge bestimmter biografisch bestimmter Züge lutherischer Theologie. Und es ist kein Zufall, dass am Anfang des langen Wegs einer anderen Bewertung von Altem Testament und Judentum gerade auch die Entdeckung der biblischen Freude an der Tora stand. Hans-Joachim Kraus hat 1950 einen Aufsatz geschrieben: „Freude an Gottes Gesetz"[3], ein wichtiger Meilenstein auf dem Weg einer veränderten Wahrnehmung des Alten Testaments.

Wir kennen das Motiv vor allem aus einigen Psalmen. Denn so fängt ja der Psalter an:

Aschre, glücklich ist der Mensch ...
der seine Freude, seine Lust hat an der Tora Adonajs
Und diese Weisung (Tora) murmelt Tag und Nacht. (Ps 1,1a.3)

Da ist vor allem dieser Anfang: *aschre*. Selig, Wohl, Heil sind Übersetzungsversuche, und doch ist keine Wiedergabe im Deutschen dem Gemeinten so nahe wie „glücklich". Was dann im Psalm folgt, nennt einige Dimensionen dieses Glücks: Wie Bäume sind diese Menschen, standhaft und fruchtbar, ihre Wege verwehen nicht, Gott gibt auf sie Acht. Sie haben die Kraft, sich den jeweils Mächtigen und dem Bösen zu verweigern. Die Orientierung an der Tora gibt ihrem Leben Richtung und Ziel. Allen, die die Möglichkeit haben, sich ihr Leben lang

---

[3] Hans-Joachim Kraus, Freude an Gottes Gesetz. Ein Beitrag zur Auslegung der Psalmen 1, 19B und 119, in: EvTh 51, 1950, S. 337-351.

um die Bibel zu bemühen und sich daran auszurichten, kommt das bekannt vor, auch dieses Tag und Nacht Nachsinnen über das, was dort steht, und was es bedeutet, von dieser Weisung aus das Leben immer neu zu entdecken.

Lassen Sie uns noch einen Blick auf die beiden anderen Psalmen werfen, die die Freude an der Tora entfalten.

Da ist der Psalm 19, der die Tora rühmt als lebendig machend. Gottes Weisungen erfreuen Herz und Sinn, lassen die Augen leuchten, machen Unverständige weise, haben also lebensverändernde Kraft. So sind sie wertvoller als Gold und süßer als Honig. Zu dieser lebensbestimmenden Freude gehört – von Christen nicht selten übersehen – das Freisprechen von Schuld, also Gottes Vergebung (V. 13f). Und ein so durch Freiheit und Freude bestimmtes Leben vergleicht der Psalm, das ist sein Hauptthema, mit dem Lauf der Gestirne am Himmel. Die Himmel erzählen den Glanz der Gottheit, die Sonne freut sich, ihre Bahn zu laufen. Wie Gott die Schöpfung geordnet hat durch Naturgesetze, wie wir sagen, so das Leben der Menschen durch seine Tora. Die Frage nach Abweichung, Verfehlung, Schuld macht den Unterschied klar; bei uns Menschen geht nichts automatisch. Und doch ist da auch so etwas wie diese Entsprechung, eine Entsprechung in Klarheit und Eindeutigkeit in dem, was Freude spendet und immer wieder in Gotteslob mündet.

Dann gibt es noch den riesigen Psalm 119. Es ist das Gebet eines einzelnen Menschen an Gott über die Tora. In jedem Vers der 176 Verse sagt der Betende Du und Ich und etwas über die Tora. Im Kern geht es dabei um Dank für und Bitte um Gottes Rettung durch die Tora. Jeweils acht Zeilen mit acht verschiedenen Benennungen für Gottes Wort beginnen mit einem der Buchstaben des Alphabets. Freude, Liebe, Trost – keines der großen Worte fehlt. Theologisch ist wichtig: Alles geschieht als Anrede an Gott, im Gebet. Die Tora steht nicht etwa zwischen Gott und Mensch, jedenfalls nicht trennend, sondern verbindend, offenbarend.

Ich beschränke mich darauf, zwei Aspekte hervorzuheben:
Verständiger als alle meine Lehrer bin ich geworden,
denn was dich bezeugt (deine edut) prägt mein Nachdenken
(Ps 119,99[4]).

Erich Zenger übersetzt: *sie sind der Inhalt meiner Meditation.*[5] Ein Schüler erhebt sich über seine Lehrer – in einer traditionalen Welt ist das etwas Unerhörtes. *Einsichtiger als die Alten bin ich geworden,* geht es dementsprechend weiter. Man merkt hier: Die Tora ist noch ein neues Phänomen, das Überraschungen produziert. Wir sind zeitlich mit diesem Psalm nicht weit von der Kanonisierung der Tora im 4. Jahrhundert v. Chr. entfernt. Dass Gottes Wille schriftlich im Buch steht, dieser erste Schritt zur Entstehung unserer Bibel, ist noch ein bestaunenswertes neues Phänomen. Weil Gottes Wort schriftlich gegeben ist, kann Gott selbst mir zum Lehrer werden (vgl. Zenger). Die Tora wie die übrige Bibel bis heute, die darauf aufbaut, stellt nicht nur ein Moment der Tradition dar, sondern zugleich auch die Ermöglichung von Durchbrechung der Tradition und damit die Ermöglichung von Erneuerung. Sie ist eine neue Form möglicher Unabhängigkeit von Autoritäten, ermöglicht die Kraft von Reformation und Neuanfang.

Das Wort Tora ist der Zentralbegriff dieses Psalms – nach und neben Gott natürlich, der angebetet und angeredet wird. Aber dieses Wort steht nicht allein. Tora steht etwa in Vers 1 zu Beginn, das Thema des Ganzen setzend, aber dann folgen weitere sieben Worte, eines in jeder Zeile, immer acht in jeder dem Alphabet entlanggehenden Strophen: *dabar*/Wort vor allem, *imra*/Spruch; und die Rechtsbegriffe *choq*/Satzung, Gesetz; *mizwa*/Gebot; *mischpat*/Recht, Urteil; *edut*/ Zeugnis; *piqud*/Anordnung. Der Klarheit und Eindeutigkeit, die das Leben gelingen lassen und die Glück ermöglichen, steht die Vielfalt gegenüber, die dazu gehört. So hat Gottes Wort etwas mit Gott selbst zu tun, mit Gottes Einheit und mit Gottes Vielfalt.

---

[4] Übersetzungen hier und im Folgenden nach oder in Anlehnung an: U. Bail, F. Crüsemann, M. Crüsemann, E. Domay, J. Ebach, C. Janssen, H. Köhler, H. Kuhlmann, M. Leutzsch und L. Schottroff (Hrsg.), Bibel in gerechter Sprache, Gütersloh ³2007.
[5] Erich Zenger, Psalmen 101-150, HThK AT, Freiburg u.a. 2008, S. 343.

In diesen Psalmen wird *über* die Tora geredet. Was sie selbst inhaltlich sagt, wie sie funktioniert, was es ist, was so glücklich machen kann, das wird vorausgesetzt. Wir müssen uns also ihr selbst zuwenden, um das nachvollziehen zu können, was hier das Leben und die Erfahrung bestimmt. Ich beginne mit dem Begriff „Tora".

3. Der Begriff Tora

So wie in Psalm 19 und vor allem 119 steht auch in anderen Zusammenhängen das Wort „Tora" in einer Reihe mit anderen Worten, vor allem mit Rechtsbegriffen. Dennoch ist eben „Tora" schon innerbiblisch, erst recht dann im Judentum, zu dem zentralen Begriff geworden. Kein anderer deckt diese Breite an Bedeutung ab und hat diese spezifische Konsistenz.

Wie auch sonst nicht selten ist es für das Verständnis theologischer Begriffe hilfreich und aufschlussreich, zuerst nach ihrer profanen, außertheologischen Verwendung zu fragen. Und da wird das Wort „Tora" breit gebraucht, vor allem aber als Bezeichnung dessen, was Vater und – überraschend und typischerweise – besonders die Mutter den Kindern zu sagen hat: *Geh nicht achtlos vorbei an der Weisung (der Tora) deiner Mutter*, heißt es in Sprüche 6,20 (vgl. Spr 1,8). Und im Lied auf die Frau in Sprüche 31 heißt es: *Lehre (Tora) voll Liebe ist auf ihrer Zunge.*

Die Eltern zuerst, es sind dann aber auch Lehrer (Spr 7,2; 13,14), Propheten (Jes 8,16.20) und besonders Priester (Jer 18,18), die Tora erteilen.

Doch wie soll man das Wort übersetzen? „Gesetz" ist sicherlich falsch, eine Mutter gibt keine Gesetze. „Weisung" geht, jedenfalls in manchen Fällen, auch „Lehre". Der Begriff „Tora" verbindet aber Aspekte, die sonst auseinanderfallen: Zuwendung und Anweisung, Instruktion und Verhaltensaufforderung, Zuspruch und Anspruch. Im 5. Buch Mose ist „Tora" das wichtigste Wort für die Summe der Gebote und Gesetze, aber es steht in Deuteronomium 1,5 auch über dem Ganzen, also auch über den Teilen, die Erzählung sind und von der Zuwendung und Rettung Gottes berichten. Und das entspricht ja dem, was eine Mutter tut, wenn sie Kinder erzieht. Sie erklärt die Welt und lehrt, sich darin zu bewegen. Beides entspringt ihrer Zuwendung und Liebe zum Kind. Das alles ist eine Einheit und gehört zusammen. Es sind interessanterweise Diskussionen unserer Tage etwa über die Frage, wann und warum Kinder Tyrannen werden[6], in denen es um ein mögliches Auseinanderfallen dieser beiden Seiten jeder Erziehung geht. Liebe, ohne den Kindern zu sagen, was sie zu tun haben, ist genauso problematisch wie eine Erziehung, in der Gehorsam vor und über allem steht. Einem verängstigten und festgefahrenen Kind zu sagen: „Komm, mach das jetzt, komm und spring, ich fang dich auf" – das ist Tora. Das ist Voraussetzung für das Glück der Kinder und von da aus dann einer ganzen Gesellschaft.

Tora ist deshalb eins der Worte, die nicht wirklich zu übersetzen sind. Wir brauchen ja theologische Fremdworte. Weil die Sache der Bibel von weither kommt und immer neu fremd ist, brauchen wir Fremdworte wie Evangelium, Messias, Amen. Ebenso elementar brauchen wir das Wort „Tora".

Wie der profane Sprachgebrauch hält auch der theologische zusammen, was sonst auseinanderzufallen droht. Tora ist nicht das Gegenüber zum Evangelium – auch in der Sprache des Neuen Testaments oder des Paulus gibt es einen solchen Gegensatz nicht[7], sondern es ist ein Begriff, der die in der Sprache der Systematik oft gegeneinander stehenden Aspekte Zuspruch und Anspruch, Evangelium im Sinne der Zuwendung, und Gesetz im Sinne des „du sollst" zusammenhält und umgreift. Zwar muss und kann man beides auch immer wieder unterscheiden, aber will man das biblisch sachgemäß tun, gilt es zunächst und vor allem, die Einheit festzuhalten. „Tora" ist neben und ähnlich wie „Wort Gottes" der biblische Begriff, in der diese Einheit von Zu-

---

[6] Etwa: Michael Winterhoff, Warum unsere Kinder Tyrannen werden, Gütersloh 2008.
[7] Dazu besonders Peter von der Osten-Sacken, Befreiung durch das Gesetz; in: ders., Evangelium und Tora. Aufsätze zu Paulus, ThB 77, 1987, S. 197-209.

spruch und Anspruch ausgesagt wird. Doch während „Wort" zunächst formal ist, ist „Tora" ein Begriff, der beide Seiten auch inhaltlich verbindet, als Bezeichnung der aus gütiger väterlich-mütterlicher Zuwendung kommenden Hilfe zum Leben. Es eröffnet und fordert heraus, Gottes Güte umzusetzen in eigenes Verhalten und in das Recht – das Recht der anderen –, die geschenkte Freiheit durch eine Ordnung der Freiheit zu bewahren und lebbar zu machen.

Vor allem aber gilt: Wie Tora und Evangelium keine Gegensätze sind, so fallen erst recht nicht die beiden Testamente an dieser Linie auseinander. Martin Luther hat das gewusst und das Evangelium (wie das Gesetz) im Alten genau wie im Neuen Testament gefunden. Das ist letztlich entscheidend, denn für Luther ist die Unterscheidung und sachgemäße Zuordnung von Gesetz und Evangelium der Schüssel zur Bibel wie zu jeder rechten Theologie. Zwar ist das Alte Testament für ihn dem Schwerpunkt nach ein Gesetzbuch, doch „sind auch im Alten Testament neben den Gesetzen etliche Verheißungen und Gnadensprüche, damit die heiligen Väter und Propheten unter dem Gesetz im Glauben Christi, wie wir, erhalten sind." Dasselbe gilt umgekehrt für das Neue Testament, das „ein Gnadenbuch" ist, aber auch „viel andere Lehren" enthält, „die da Gesetz und Gebot sind."[8]

Und so steht „Tora" eben als Bezeichnung für die Gesamtheit der am Sinai gegebenen Gebote, bezeichnet aber ebenso den Rahmen, in dem sie stehen, also die Erzählung von Rettung und Befreiung, die Erinnerung an Gottes Taten. Tora ist so die Bezeichnung geworden für den ganzen ersten Teil der jüdischen Bibel, den Pentateuch. Auch in dieser Bedeutung des Wortes geht es um den Zusammenhang von beidem, die innere Einheit von Gottes Zuwendung und Befreiung mit Gottes Beanspruchung und Gebot.

---

[8] Martin Luther, Vorrede auf das Alte Testament (1523), WA DB VIII, S. 11-23, zitiert nach der überarbeiteten Sprachform bei: Heinrich Bornkamm, Luthers Vorreden zur Bibel, KVR 1550, ³1989, S. 42f.

14

4. Die Sinaitora – Struktur und Beispiele

In einem dritten Schritt soll es jetzt um die Sinaitora gehen, einmal um die innere, theologisch relevante Struktur der dort zusammengestellten Rechtsbücher und damit verbunden um einzelne exemplarische Beispiele aus diesem riesigen Bereich. Ich möchte versuchen, mithilfe dieser Beispiele zu zeigen, dass die theologische Spannung von Zuspruch und Anspruch auch in jedem einzelnen von Gottes Geboten vorliegt, also das Gebotene immer auch Gottes liebevolle Zuwendung enthält. Nebenbei muss hier auch jedenfalls ansatzweise etwas von der historischen Entstehung zur Sprache kommen, soweit es sich historischer Rekonstruktion erschließt. Der Schwerpunkt soll aber auf dem Inhalt liegen und damit nicht zuletzt auf der Frage, wo und wie denn konkret etwas davon erkennbar wird, was die Freude an der Tora hervorbringt.

Historisch gesehen geht die Entstehung der Tora, ihr Zusammenwachsen aus verschiedenen Rechtsbüchern, der immer deutlicheren Formulierung der Einheit Gottes parallel, besser gesagt, sie ist ein zentraler Teil von Israels Weg zum Monotheismus. Obwohl die Rekonstruktion beider Vorgänge in der Wissenschaft im Einzelnen sehr umstritten ist, sind doch die wichtigsten Umrisse, auf die es für die theologische Frage allein ankommt, mit großer Sicherheit zu erkennen.

4.1 Das Bundesbuch und die Torastruktur

Das älteste biblische Rechtsbuch ist das sogenannte Bundesbuch in Exodus 20,22 - 23,33, das in der Sinaierzählung als Erstes nach dem Dekalog steht und auf dessen Grundlage der Bundesschluss in Exodus 24 erfolgt. Man kann in ihm der Sache nach drei Gruppen von Geboten unterscheiden, die wohl eine verschiedene Vorgeschichte haben, mit deren Zusammenbindung in einem einzigen Dokument als gemeinsamer Wille des einen Gottes aber eine Verbindung entsteht, die es in den altorientalischen Rechtstexten und sonst in der Rechtsgeschichte nicht gibt und die ich *Torastruktur* nenne. Das religionsgeschichtlich wie theologisch Entscheidende und Neue ist also, dass diese drei unterschiedlichen thematischen Gruppen als gemeinsame Forderung des einen Gottes auftreten – eine der wichtigsten Ausdrucksformen der Einheit Gottes.

Das eine sind die theologischen und religiösen Kernsätze. Da ist vor allem das erste Gebot, das Verbot der Verehrung anderer Gottheiten, das wie die gesamte Tora so auch die Komposition des Bundesbuches beherrscht und prägt (Ex 20,23; 22,19; 23,13.24.32f). Weitere wichtige Themen aus diesem Bereich sind das Bilderverbot (20,23) mit seiner fundamentalen Unterscheidung von Gott und Welt, aber auch eine religiöse Zeitstruktur, mit der sich Israel von den kanaanäischen Nachbarkulturen abhebt. Hierzu gehört neben den Jahresfesten (23,14ff) vor allem die Ruhe an jedem siebten Tag, also der Sabbat, aber auch das Sabbatjahr (23,10f).

Wenn wir uns einen Moment dieser wichtigsten Zeitstruktur der Bibel zuwenden, in der wir nach wie vor leben, so ist uns vielleicht die Bedeutung solcher Rhythmisierung des Lebens im Alltag nicht immer bewusst. Erst in dem Moment, wo der gemeinsame freie Tag in der Woche bedroht ist, und das war er immer bei neuen technologischen und wirtschaftlichen Entwicklungen, hat die Kirche ja etwas davon begriffen und begonnen, um den Sonntag zu kämpfen. Doch welche Gottesgabe ist dieser freie Tag?! Hat hier das Gewohnte zur Folge, dass vieles zu selbstverständlich ist, so ist das Sabbatjahr heute nur für wenige Menschen Realität und könnte eine verlockende Größe sein: eine Unterbrechung der langen Jahre der Berufstätigkeit mit der Chance für anderes und Neues. Gerade ein weitgehend unverwirklichter Teil der Tora könnte einen neuen Blick auf das Leben eröffnen und neue Lebensfreude erzeugen.

Als zweites verbinden sich mit diesen religiösen Grundgeboten eine Sammlung von eigentlichen Rechtssätzen, die in Form und Inhalt dem ähneln, was wir aus den altorientalischen Rechtskorpora, besonders dem Kodex Hammurabi, kennen. Es geht um wirkliches Recht, das in

Rechtsverfahren angewendet werden soll und das der Sache nach unserem positiven Recht entspricht. Hierzu gehören neben Todes- und Sklavenrecht besonders Regelungen für Körperverletzungen und Eigentumsschädigungen. Ein Beispiel ist Exodus 21,18ff, das mit der Bestimmung einer finanziellen Entschädigung des Opfers bei einer massiven Körperverletzung das durchgängig zugrunde liegende Prinzip des biblischen Strafrechts erkennen lässt: Die Geschädigten sollen vom Täter entschädigt werden, damit durch diesen Ausgleich ein zukünftiges friedliches Miteinander ermöglicht wird. Dass die „Strafe" als Wiedergutmachung an das Opfer zu zahlen ist, das zeigt ihr Ziel. Die Versöhnung von Täter und Opfer ist für das Verständnis von „Strafen" in der Bibel, auch von Strafen Gottes, aber auch für heutige Strafrechtsdiskussionen von großer Bedeutung. Von diesem Grundprinzip her muss dann das Talionsrecht mit seinem „Auge um Auge ..." in Exodus 21,24ff im Sinne der jüdischen Auslegung als Forderung nach Angemessenheit der Entschädigung verstanden werden, nicht als real zu vollziehende Strafe.

Recht ist Teil der guten Gabe Gottes. Welch Freude es ist, trotz mancher Mängel in einem Rechtsstaat zu leben, muss man sich aus der Perspektive von Unrechtsstaaten immer neu sagen lassen. Wie nötig etwa für einen dauerhaften Rechtsfrieden das Funktionieren eines Täter-Opfer-Ausgleichs ist und innerhalb dieses das – nicht wörtlich zu nehmende – Rechtsprinzip des Auge um Auge ist, zeigt mir die gegenwärtige Debatte um den Umgang mit Menschen, die andere um Geld und Vermögen gebracht und dabei und dafür noch unendlich viel Millionen meinen, als Boni verdient zu haben, während viele an der untersten Grenze leben müssen.

Das dritte schließlich sind Schutzbestimmungen für die sozial schwächsten Glieder der Gesellschaft. Dabei spielt das Fremdenrecht eine besondere Rolle (vgl. dazu auch Lev 19,33f u. 24,22). Es rahmt in Exodus 22,20 und 23,9 den Teil, in dem es um Witwen und Waisen (22,21-23) sowie um Arme (22,24ff; 23,3.6), aber auch um den Schutz von Tieren (23,4f) geht. Dieses Erbarmensrecht schreibt rechtlich fest, was die prophetische Kritik seit Amos eindrücklich vermisst und eingefordert hat. Rechtlich sollen diese Sätze offenkundig als steuernde Prinzipien für das gesamte positive Recht fungieren. Sie entsprechen damit sowohl inhaltlich wie rechtstheoretisch dem, was in der Neuzeit in den Menschen- und Grundrechten Gestalt gewonnen hat. Das positive Recht muss gerade in den notwendigen Anpassungen und Veränderungen immer wieder an diesen Grundsätzen ausgerichtet werden.

Ein Beispiel: Dass Tiere Rechte haben, musste in der Neuzeit lange genug gerade auch gegen (angeblich) christliche Wertungen erkämpft werden, und dieser Weg ist nicht am Ende. Für die Bibel hat man hier spätestens sei Descartes den Herrschaftsauftrag von Genesis 1 ohne Beachtung und Kenntnis der biblischen Tora mit ihren Tier- und Naturrechten gelesen und so die Natur sich brutal angeeignet. Beispiele für biblisches Recht in diesem Bereich sind: *Siehst du den Esel von Leuten, die dich hassen, daliegen unter seiner Last, darfst du ihn unter keinen Umständen im Stich lassen. Helfen sollst du ihm (Ex 23,5).* Ebenso Deuteronomium 22,6f: *Wenn du vor dir auf dem Weg ein Vogelnest findest, sei es im Gehölz oder auf der Erde mit Eiern oder Küken darin, und die Mutter sitzt darauf, dann darfst du sie nicht von ihrer Brut nehmen. Scheuche in jedem Falle erst die Mutter davon, bevor du das Nest nimmst, dir zum Besten und damit du lange lebst.*

Man merkt beides: Es sind Gebote für eine agrarische Gesellschaft, bei uns bestenfalls Randprobleme. Man merkt aber auch: Die Prinzipien, das, was hier als Einstellung gegen Natur und Tiere gefordert wird, ist nach wie vor herausfordernd und wäre in heutige Normen umzusetzen. Die Gebote markieren eine eindeutige Richtung und sie sind Ausdruck der Liebe Gottes zu seiner Kreatur. In der Tora wird die gesamte Wirklichkeit, werden insbesondere alle Bereiche, mit denen die Menschen in ihrem alltäglichen Leben zu tun haben, mit dem einzigen Gott verbunden. Wer und was dieser Gott ist, zeigt sich in dieser Verbindung und erhält so seine eindeutige Kontur. Allerdings ist für jede heutige Rezeption dieser Texte ebenso entscheidend, dass sie auf die *damalige* soziale Wirklichkeit bezogen sind, also auf eine vorneuzeitliche agrarische Welt. Bei der Frage nach ihrer heutigen Relevanz und Geltung kann diese Distanz nicht übersehen werden, ohne in fragwürdige bzw. fundamentalistische Rückwärtsgewandtheit zu verfallen. Es kann ja nicht darum gehen, dass uns die Bibel verpflichtet, so zu leben, wie Menschen vor zweieinhalb Jahrtausenden gelebt haben. Zu einer sachgemäßen, heutigen Interpretation gehört deshalb mit theologischer Notwendigkeit eine sozialgeschichtliche Interpretation, das heißt die Texte sind zunächst in ihren damaligen sozialen Zusammenhängen zu verstehen, und nur das kann die Grundlage heutiger Anwendung sein.

Und noch etwas zeigt sich hier ebenso wie etwa beim Sabbat oder beim Sabbatjahr. Die Stärke der Toragebote besteht auch darin, dass sie einerseits für eine individuelle Ethik formuliert sind – das Gebotene können und sollen wir selbst praktizieren, unabhängig von jeder Gesetzgebung –, andererseits zielen sie auf ein gesellschaftliches Handeln – mit ihnen lässt sich Recht gestalten. Daraus folgt auch: Ihre Normen können zur Geltung gebracht werden, auch ohne dass alle den Glauben an Gott als Ursprung der Tora anerkennen. Sie sind aus sich heraus vernünftig und argumentativ stark zu machen. Der Sabbat ist dafür ein Musterbeispiel. Sein Rhythmus hat sich auch in atheistischen Gesellschaften durchgesetzt; Versuche, andere Rhythmen einzuführen, sind gescheitert.

Das religionsgeschichtlich wie theologisch Entscheidende ist nun, dass diese drei unterschiedlichen thematischen Gruppen als gemeinsame Forderung des einen Gottes auftreten. Die Einheit Gottes bewirkt hier also, dass die Gottesbeziehung nicht nur im engeren Sinne religiöses Verhalten erfordert und prägt, sondern zugleich und mit gleichem Gewicht auch die Praktizierung von Recht und Gerechtigkeit in allen ihren Aspekten. Von Gott trennt nicht nur religiöses Fehlverhalten wie die Verehrung anderer Gottheiten, sondern ebenso die Beeinträchtigung des Rechts von Fremden und Armen, ja von Tieren. Damit werden grundlegende Züge des biblischen Gottes formuliert, die dem Alten wie dem Neuen Testament gemeinsam sind. Und wir leben nach wie vor in und von diesem Geschenk.

4.2 Das Deuteronomium als Verfassung für Israel

Die Torastruktur des Bundesbuchs liegt nun ebenfalls den jüngeren Rechtstexten wie dem Dekalog und besonders dem deuteronomischen Gesetz (Dtn 12-26) zugrunde. Sie wird aber in ihm erheblich ausgeweitet, wodurch neue große Wirklichkeitsbereiche in das Licht des einen Gottes gerückt werden.

Das betrifft mehrere Bereiche. An dieser Stelle kann ich jedoch nur auf die Bereiche Politik und Wirtschaft eingehen. Neben dem Königsgesetz in Deuteronomium 17,14ff, das durch Regeln zur Einsetzung des Königs und zu den Grenzen seiner Macht den damaligen Staat dem Recht (und damit Gott) unterwirft, finden sich Bestimmungen zu allen wichtigen gesellschaftlichen Institutionen wie dem Rechtswesen mit Regeln zur Einsetzung von Richtern und zu den Aufgaben eines Zentralgerichts (16,18ff; 17,8ff), aber auch zu Priestern und Propheten (18) sowie zu Krieg und Militär (20). Diese politischen Gesetze formulieren eine Art Verfassung und haben wirkliche Parallelen erst in neuzeitlichen Verfassungen mit ihrem Versuch, Freiheit politisch zu organisieren und rechtlich festzuschreiben. Dazu kommt eine starke Ausweitung der älteren Bestimmungen des Armenrechts zu einer Art umfassendem sozialen Netz. Zu ihm gehören ein regelmäßiger Schuldenerlass (15,1ff), das Zinsverbot (23,20f) und die Umwandlung des traditionell an Tempel und König zu zahlenden Zehnten in eine Sozialsteuer für den Unterhalt der landlosen und marginalen Gruppen in Israel (14,22ff; 26,12ff). Alle diese Sozialgesetze binden mit der stets wiederholten Formel: *„damit dich Jhwh dein Gott segne in allem Tun deiner Hand, das du verrichtest"* (14,29; vgl. 15,18; 16,15; 23,21; 24,19) den Segen Gottes an die Partizipation der Ärmeren und Landlosen am Reichtum des Landes durch die angeredeten israelitischen Landbesitzer. Der hier anvisierte Kreislauf von Segen und Arbeit ist bis in heutige Fragen eines neuen Arbeitsverständnisses hinein von höchster Relevanz. Ich verkneife es mir, diesen ersten Entwurf eines Sozialstaates mit seinen bis heute – und heute erst recht – relevanten Regelungen für die Finanzwelt näher zu beleuchten.

Ein kurzer Blick sei auf den Segen geworfen, um den es hier geht. In Deuteronomium 24,12-13 geht es um ein gewährtes Darlehen und seine Sicherung: *„Wenn die Person arm ist, darfst du ihr Pfand nicht über Nacht behalten. Sei sicher, dass du ihr das Pfand bei Sonnenuntergang zurückbringst, damit sie im eigenen Gewand schlafen kann und dich segnet. Das ist deine Gerechtigkeit vor* <u>*Adonaj*</u>*, Gott für dich."*

Wer auf die Sicherung der Schuld verzichtet und das Pfand zurückgibt, wird, so heißt es hier, vom Betroffenen gesegnet werden.[9] Die Armen segnen die Reicheren, der Segen der Reichen kommt durch die Armen. Was zunächst wie eine harmlose Dankesformel aussehen mag, hat in dieser Theologie des Segens eine Schlüsselstellung. Und man muss eine daneben stehende Formulierung hinzunehmen: *„Das ist deine Gerechtigkeit"*. Die Gerechtigkeit des Reicheren kommt nicht unmittelbar aus seinem gerechten Handeln, sie kommt von den Armen. Sie bewirken und garantieren die Gerechtigkeit der Reicheren.

Vielleicht der wichtigste Segen, und das ist die heutige Entsprechung, den wir und die ganze Gesellschaft den Ärmeren unter uns zu verdanken haben, ist die Sicherheit, in der wir (immer noch) leben. Das Leben in Deutschland ist bisher davon geprägt, dass durch den funktionierenden Sozialstaat die Kluft im Vergleich mit anderen Ländern und Regionen noch nicht allzu groß ist. Deswegen sind Begegnungen von Reich und Arm im Alltag fast immer harmlos und friedlich – noch. Noch müssen sich die Reicheren und die Menschen des gut verdienenden Mittelstandes nicht hinter elektrische Zäune zurückziehen und Waffen anschaffen. Noch können sich Reiche und Arme auf der Straße begegnen, können wir freundlich die Haustür öffnen und uns in die Augen sehen. Die Qualität unseres alltäglichen Lebens und vor allem des Lebens der Kinder hängt daran. Sie können bei uns noch allein zur Schule gehen und draußen spielen. Das ist in vielen Ländern

---

[9] Hierzu vgl. Rainer Kessler, Die Rolle des Armen für Gerechtigkeit und Sünde des Reichen. Hintergrund und Bedeutung von Dtn 15,9; 24,13.15; in: Was ist der Mensch ...? Beiträge zur Anthropologie des Alten Testaments, FS H. W. Wolff, München 1992, S. 153-163.

nicht möglich, wo selbst ein schmales Gehalt die Kluft zu den Bettel-armen und Hungernden so groß erscheinen lässt, dass man jederzeit mit Überfällen und Gewalt rechnen muss. Unser sicheres alltägliches Leben ist eine Gestalt des Segens, den wir von den Ärmeren bekom-men – noch. Die Kluft darf nicht weiter wachsen, wenn wir solchen Segen behalten wollen.

4.3 Die priesterlichen Gesetze

Die große Masse der Sinaigesetze, insbesondere im Buch Levitikus, gehören der priesterlichen Schicht an. „Die Leviten lesen", heißt es immer noch, wenn jemand streng ermahnt wird. Mit ihnen wird – sehr viel deutlicher als im Deuteronomium – auf die Situation des Exils, auf den Verlust von Land und Königtum reagiert. Die Lösung der Ge-bote von der Voraussetzung des Landbesitzes ermöglicht die Entste-hung einer Diasporaethik, wie sie besonders in den priesterlichen Ge-boten der Genesis, also in Genesis 9; 17 und Exodus 12 geschaffen wird. Anders als es die üblichen Bewertungen sehen, wird gerade durch die priesterlichen Texte eine starke Internalisierung ermöglicht. Das geschieht durch das Gewicht der göttlichen Vergebung und damit im Umgang mit menschlicher Schuld, sodann aber durch verstärkte Reflexion der Frage einer vorliegenden Absicht (Lev 4,2ff). Nur die unabsichtlich begangenen Sünden können vergeben werden. Das hat aber zum Beispiel für den Vollzug der Todesstrafe die Folge, dass, wie es das spätere jüdische Recht explizit verlangt, eine todeswürdige Tat nur vorliegt, wenn vor der Tat eine ausdrückliche Warnung unter Hin-weis auf die Folgen gestanden haben muss, nach dem Muster von Gottes Warnung an Kain (Gen 4,7). Zusammen mit der Zweizeugen-regelung in Deuteronomium 19,15ff hat das faktisch zu einer Ab-schaffung des Vollzugs der Todesstrafe im biblisch orientierten jüdi-schen Recht geführt.

Wir kennen manchmal nur die heute grausam klingenden Todesstra-fen für bestimmte Rechtsverstöße, etwa im sexuellen Bereich. Aber spätestens seit neutestamentlicher Zeit und schon vorher ist im Juden-

22

tum kaum jemals die Todesstrafe angewendet und vollzogen worden. Das hängt mit den Verfahrensregeln des biblischen Rechts zusammen, die viel unbekannter sind. Sonst könnte man nicht so leichtfertig vom grausamen „alttestamentarischen" Recht sprechen. Die Anwendung dieser biblischen Regelungen hätte vieles aus der Kriminalgeschichte des Christentums verhindern können und müssen.

5. Die Tora und die Einheit von Gerechtigkeit und Barmherzigkeit[10]

Die Tora gründet in Gottes grundloser Befreiungstat und dient der Ausgestaltung und Bewahrung der geschenkten Freiheit, da sie als Rechtsordnung auf den Schutz der Schwachen zielt und zugleich Ausdruck von Gottes Sühne- und Vergebungswillen ist.

Wenn Paulus in Römer 3,21 von der von ihm verkündeten Gerechtigkeit Gottes sagt, dass sie zwar ohne das Tun der Tora wirksam wird, dass aber eben das von der Tora und den Propheten bezeugt ist und dann durch diese Gerechtigkeit wiederum die Tora aufgerichtet, also neu in Kraft gesetzt, wird (3,31), dann entspricht diese Struktur genau dem, was in der Tat an der Tora selbst zu beobachten ist. Dafür ist einmal auf die Voraussetzung ihrer Geltung und zum anderen auf die Sündenvergebung als Teil der Tora zu verweisen.

Durchgängig ist der Exodus, die Befreiung des unterdrückten Volkes aus Ägypten, die entscheidende Voraussetzung für die Forderungen Gottes. Das zeigt sich im erzählten Zusammenhang des Exodusbuches wie in vielen Rückverweisen der Gesetze selbst, besonders bei Themen wie Schutz der Fremden und anderer sozial Schwacher. Diese Zuwendung Gottes zu seinem Volk ist aber von keinem Tun und keiner Eigenschaft Israels abhängig, sie gründet allein in Gottes Liebe und der Treue zu seinen Zusagen an die Väter, wie sie besonders im Abrahambund Gestalt gewonnen hat. Am markantesten wird dieser

---

[10] Dieser Teil ist aus Zeitgründen nicht mit vorgetragen worden.

Zusammenhang im ersten der zehn Worte formuliert: *„Ich bin Jhwh, bin dein Gott, weil ich dich aus Ägypten, aus dem Sklavenhaus herausgeholt habe"* (Ex 20,1). Das ist die Begründung für die in dem Ausdruck *„dein Gott"* formulierte Zusammengehörigkeit, alles andere erfolgt auf dieser Basis und dient inhaltlich der Bewahrung der so geschenkten Freiheit. Dazu kommen inhaltliche Bezüge, denn wichtige Gebote dienen direkt oder indirekt der Freiheit; der Sabbat dient der Freiheit von durchgängiger Arbeit oder der Schuldenerlass der befreienden Entlastung sozial und wirtschaftlich Abhängiger.

Nicht nur ist die befreiende Nähe Gottes Voraussetzung für die Tora, sondern sie selbst ist ein Ausdruck dieser Zuwendung. Das wird besonders deutlich erkennbar in der Erzählung über die Errichtung des goldenen Stierbildes. Die Strafe in Exodus 32 für diesen Verrat ist ja das Zerbrechen der Tafeln, sodass die Gebote Gottes und die darin bestehende Zuwendung nicht mehr vorhanden und bekannt sind. Gottes Vergebung dagegen findet ihren Ausdruck in der Erneuerung der Tafeln (Ex 34). Andererseits ist natürlich die Übertretung mit Strafen verbunden, wie es besonders in den Kapiteln über Fluch und Segen (Lev 26; Dtn 27f) zum Ausdruck kommt. Für ihr Verständnis ist der Ort der Tora im biblischen Geschichtsbild grundlegend. Besonders im Deuteronomium wird immer wieder ausdrücklich gesagt, dass die Gesetze auf der Basis der Befreiung aus Ägypten, aber für das Leben im Land gegeben werden: *„Wenn ihr in das Land kommt, das Gott euch geben wird ..."* (Dtn 17,14; 18,9; vgl. 6,1; 7,1; usw.). Damit ist eine erste Form dessen formuliert, was Paulus als „schon und noch nicht" bezeichnet. Während die gnädige Zuwendung Gottes grundlos ist und durch nichts infrage steht, kann ihre Realisierung zum Beispiel im Landbesitz durch Israels Versagen durchaus infrage gestellt sein. Damit werden die Erfahrungen des Landverlustes in der Exilszeit theologisch verarbeitet.

Über diese theologische Grundlegung hinaus ist aber nun entscheidend, dass Sühne und Vergebung selbst ein integraler Teil der Tora sind. Das wird besonders in den priesterlichen Gesetzen erkennbar, die von Gottes Sühne sprechen. Hier ist einerseits das Sündopfer (bes. Lev 4), dann aber vor allem der Versöhnungstag (Lev 16) zu nennen.

Immer wieder laufen diese Text darauf hinaus, dass, wie es meist passivisch, das heißt mit dem sogenannten *passivum divinum* formuliert wird, *„ihm vergeben wird"*. Es handelt sich dabei um gottesdienstliche, liturgische Ausformungen von Gottes grundlegender Vergebungsbereitschaft. Hierin so etwas wie Selbsterlösung zu sehen, müsste mit gleicher Logik auch den christlichen Vergebungszuspruch im Gottesdienst treffen. Die von christlicher Seite so intensiv rezipierten Bußpsalmen (z. B. Ps 51; 130) oder die vielfältige Rede von Gottes Güte und Vergebung (z. B. Ps 103) formulieren gerade als gottesdienstliche Texte eine Innenseite, dessen rituelle Außenseite in den priesterlichen Texten vor Augen tritt.

6. Das Problem einer universalen Geltung der Tora

Nach der biblischen Erzählung ist die Tora am Sinai Israel übergeben worden, Israel hat sich im Bundesschluss darauf verpflichtet. Und historisch ist sie mit allen Vorformen in Israel entstanden und formuliert worden, sie enthält immer auch das konkrete Recht des antiken Israel. Insofern gilt sie nicht allen Menschen und erhebt weder historisch noch theologisch einfach den Anspruch, für alle Menschen zu gelten.

Aber das ist nur die eine Seite. Denn es geht bei dieser Frage um nichts Geringeres als die Grundspannung im biblischen Gottesbild, dass der Gott Israels zugleich Gott und Schöpfer aller Menschen und Völker ist und sich deshalb auch als solcher zeigen und erweisen wird. Die Spannung entstand in dem Moment, als Israel von der Einheit Gottes zu reden begann, also bereits bei einer radikalen Alleinverehrung, erst recht dann bei der Ausformulierung eines theoretischen Monotheismus. Die Tora gehört zunächst zur Identität Israels und ist also gerade nicht universal formuliert. Sie kann schon deshalb nicht einfach für alle Völker gelten. Sie enthält zum Beispiel, um es mit der neueren Paulusforschung zu sagen, spezielle *identity markers* dieses Volkes, wie die Beschneidung der Männer oder die konkreten Speisegebote dieses Volkes. Doch Israel konnte nicht an einen einzigen Gott glauben, ohne dass dieser Gott zugleich als Gott aller Menschen und Völker geglaubt und verstanden wird. Die Tora ist auch Ausdruck der Identität Gottes, deshalb geht es dabei immer auch um ihre weltweite Geltung. Für diese Spannung werden im Alten Testament unterschiedliche Modelle entwickelt, die im nachbiblischen Judentum wie im Neuen Testament und im nachbiblischen Christentum ihre Fortsetzung finden.

Das Verhältnis zu den Völkern steht vor allem im Zentrum der Texte, nach denen sich der auf dem Zion thronende Gott als der Gott aller Völker erweist. Dazu gehört die verbreitete Vorstellung einer kommenden Völkerwallfahrt zum Zion, wie sie am prägnantesten und wirkungsvollsten in Jesaja 2 und Micha 4 beschrieben wird. Vom Zion wird Tora ausgehen und alle Völker werden sich hier Weisung holen, mit der Folge eines weltweiten Friedensreiches. Im Grunde eine Umkehrung dieses Modells ist die Ankündigung von Jesaja 42,1-5, dass der Gottesknecht hinausgehen wird, um den Inseln, die auf seine Tora warten, das Gottesrecht zu übermitteln. Von dieser Person heißt es:

Ich habe meine Geistkraft auf sie gegeben,
Recht soll sie zu den Völkern hinausbringen ...
Sie wird nicht verlöschen und nicht zerbrechen,
bis Recht auf der Erde gesprochen wird.
Auf ihre Weisung (Tora) warten die Inseln. (Jes 42,1b.4)

Im rabbinischen Judentum steht besonders das Konzept der noachidischen Gebote an dieser Stelle. Während Israel die gesamte Tora auf sich genommen hat, gelten für die übrige Menschheit, also für die Nachfahren Noahs, nur sieben Kerngebote. Aus den beiden in Genesis 9 nach der Flut allen Menschen gegebenen Geboten – kein Blutgenuss, als symbolischer Schutz tierischen Lebens, und keine Menschentötung – wurde später dieses System von sieben Geboten entwickelt (bSan 56), das in der Frühzeit des Christentums eine wichtige Rolle gespielt hat, wie die Regeln des sogenannten Apostelkonzils zeigen (Apg 15,19ff.28f), die an einer prinzipiell gleichen Tradition orientiert sind. Danach sollen die Heidenchristen sich von Verunreinigung durch Götzen, Unzucht, Ersticktem und Blutgenuss enthalten.

Für das hermeneutische Grundproblem und den hier vertretenen Ansatz ist die in Deuteronomium 4,5-8 beschriebene Situation wichtig, mit der ich schließen möchte. Der hermeneutische Ort, an dem wir uns als Nichtjuden befinden und von dem alle diese Fragen angegangen werden können, ist für mich hier am deutlichsten formuliert. Da sagt Mose zu Israel:

(6)Beachtet sie und richtet euch danach (den Bestimmungen und Rechtsätzen)! Sie machen eure Klugheit und Einsicht in den Augen der Völker aus, die diese Bestimmungen (chuqqim) hören. Sie werden sagen: ,Was ist dies nur für ein kluges, einsichtiges und großes Volk!' (7) Ja, welches große Volk hat Gottheiten, die ihm so nahe sind, so wie Adonaj, Gott für uns, nahe ist, immer wenn wir ihn anrufen? (8) Welches große Volk hat so gerechte Bestimmungen und Rechtsätze (chuqqim umischpatim) wie diese ganze Tora, die ich heute vor euch darlege?"

Es gibt biblische Bilder bzw. kleine Szenen, die auf eine sehr einfache Weise komplexe Zusammenhänge formulieren, und das so präzise, dass auch theoretisches und abstraktes Denken nicht über sie hinauskommen kann. Dazu gehören für mich diese Verse. Die im Text gegebene Situation hält fest, dass Gott, Israel und die Tora zusammengehören und die anderen Völker – damit „wir" – uns zunächst in einer Zuschauerrolle befinden. Die Völker geraten ins Staunen einerseits über diesen Gott und seine einzigartige Nähe zu Israel, andererseits über die Gerechtigkeit der in der Tora formulierten Gebote und Rechtsaussagen. Wir kommen zu einem Gott, der unlöslich mit Israel wie mit der Tora verbunden ist. Und der Zugang ist zunächst das Staunen über Weisheit und Einsicht, Vernunft und Gerechtigkeit. Das hier entwickelte Modell verbindet somit Offenbarung und Erfahrung sowie biblische Tradition mit einer Überprüfbarkeit, die geradezu empirische Züge hat: „so gerecht wie nichts anderes" – das kann man ausprobieren.

Der Schluss, dass die derart bestaunte Tora – auch für die Völker selbst – für ihr Leben und ihr Recht zum Maßstab werden wird, wird nicht ausdrücklich gezogen, liegt aber in der Tendenz des Gesagten.

Was könnte für die Völker weiser und klüger sein? Die Tora wird durch eine so geprägte Rezeption, so steht zu hoffen, Israel nicht entfremdet oder von den Völkern als ihr Besitz vereinnahmt. Das Staunen über dieses einmalige Volk bleibt die Grundlage des Ganzen. Zugleich wird das von Gott Israel Offenbarte aus einem Abstand heraus beurteilt und, weil und sofern es der Beurteilung standhält, bewundert, weil hier eine Gerechtigkeit zu finden ist, wie es sie so sonst nirgends gibt. Der Vorgang ist verwandt mit den Verheißungen, dass die Völker zum Zion kommen, um Tora zu empfangen (Jes 2; Mi 4 u. a.) oder dass der Gottesknecht hinauszieht, um Tora zu den Völkern zu bringen (Jes 42). Er unterscheidet sich davon aber, dass es nicht um eine eschatologische Zukunft geht, sondern um etwas, das mit der Gabe der Tora als solcher unausweichlich und immer schon gegeben ist.

Dieser Ansatzpunkt an der Tora, aber als einer nicht uns gegebenen bzw. nicht universal formulierten Weisung Gottes, ist zugleich ein Bezug auf Israel und auf die Gerechtigkeit und stellt, so meine These, eine Grundlage christlicher Ethik dar, die biblisch wie sachlich angemessener ist, als alle anderen mir bekannten Versuche, christliche Ethik zu begründen. Etwas von diesem Staunen, dieser Bewunderung und damit von der ansteckenden Freude über die Tora habe ich versucht zum Ausdruck zu bringen.[11]

---

[11] Die Frage nach der Bedeutung der Tora im Neuen Testament und damit für den Glauben an Jesus Christus ausdrücklich zu thematisieren, war schon deshalb nicht Aufgabe meines Vortrags, weil dazu im Anschluss ein eigenes Referat vorgesehen war. Weil es darum aber naturgemäß gerade auch in der an den Vortrag anschließenden Diskussion ging, sei für meine Position jedenfalls exemplarisch auf meine Auslegung von Römer 3 hingewiesen: Gort glaubt an uns – Glaube und Tora in Römer 3; in: ders., Maßstab: Tora. Israels Weisung für christliche Ethik, Gütersloh ²2004, S. 67-85.

Gesetz, Evangelium und Weisung bei Paulus

Hans-Joachim Eckstein

1. Einleitung

Was heißt bei Paulus: „Aus Werken des Gesetzes wird kein Fleisch gerecht"?[1] Die Beantwortung dieser klassischen, für das Verständnis der paulinischen Theologie grundlegenden Frage fällt in Anbetracht der neueren exegetischen Diskussion offensichtlich schwerer denn je. Bezieht Paulus seine grundsätzliche Aussage auch auf Juden oder lediglich auf Heiden bzw. Heidenchristen? Denkt er an eine prinzipielle Unmöglichkeit der Rechtfertigung auf der Grundlage des Gesetzes oder nur an eine faktische Unmöglichkeit? Hat er bei seiner Kritik das Gesetz – d. h. die Tora vom Sinai – gemäß ihrer ursprünglichen Intention und Aufgabe im Blick oder lediglich ein legalistisch missverstandenes, zum Leistungsprinzip verkehrtes oder der Sünde anheimgefallenes Gesetz? Versteht der Apostel das Gesetz vom Sinai noch als eine göttliche Verfügung und Gabe oder eher als eine widergöttliche, von Dämonen vermittelte Größe?

Kann man bei Paulus überhaupt von einer theologisch durchreflektierten und zusammenhängenden „Gesetzeslehre" ausgehen, oder handelt es sich nur um spontane und unverbundene polemische Äußerungen? Lässt sich bei den paulinischen Gesetzesaussagen eine kontinuierliche Entfaltung beobachten, oder ist vorauszusetzen, dass zwischen dem kämpferischen Galaterbrief und dem ausgewogenen Römerbrief eine einschneidende Entwicklung und ein grundlegender Wechsel stattgefunden hat? Dann würden sich Spannungen und Widersprüche bei der Erörterung der Gesetzesfrage geradezu zwangsläufig ergeben.

---

[1] Vgl. Gal 2,16; Röm 3,20; in Aufnahme von Ps 143,2. Vgl. U. Wilckens, Was heißt bei Paulus: „Aus Werken des Gesetzes wird kein Mensch gerecht"?; in: ders., Rechtfertigung als Freiheit. Paulusstudien, Neukirchen-Vluyn 1974, S. 77-109.

2. Gesetz bei Paulus

Wenden wir uns bei der Entfaltung unseres Themas „Gesetz, Evangelium und Weisung bei Paulus" zunächst dem umstrittensten der drei genannten Begriffe zu, dem des *Gesetzes* – hebräisch „Tora", griechisch „Nomos". Wenn wir bedenken, dass wir es bei Paulus mit einem judenchristlichen – d. h. jüdisch geborenen und geprägten – Theologen zu tun haben, der auch als an Christus gläubiger Apostel ganz im Kontext alttestamentlich-jüdischer Tradition denkt und argumentiert, ist die eingangs zitierte Aussage aus Galater 2,16 bzw. Römer 3,20 schon an sich höchst bemerkenswert. Nicht weniger herausfordernd ist die Erkenntnis, dass Paulus die in Christi Kreuz und Auferstehung erfolgte Befreiung und Erlösung offensichtlich nicht nur auf die *Sünde* und den *Tod* als Unheilsmächte bezieht, sondern auch auf das *Gesetz des Mose* selbst.[2] Den Juden- und Heidenchristen der römischen Gemeinden gegenüber formuliert Paulus höchst provozierend: „Denn die Sünde wird nicht herrschen können über euch, weil ihr ja *nicht unter dem Gesetz* seid, sondern *unter der Gnade*" (Röm 6,14). – „Also seid auch ihr, meine Brüder, *dem Gesetz getötet* durch den Leib Christi, sodass ihr einem andern angehört, nämlich dem, der von den Toten auferweckt ist, *damit wir Gott Frucht bringen*" (Röm 7,4). Oder um es mit der prägnantesten und für jüdische Hörer gewiss provozierensten Formulierung des Paulus zu sagen: „Denn ich bin *durchs Gesetz dem Gesetz gestorben, damit ich Gott lebe*. Ich bin mit Christus gekreuzigt" (Gal 2,19).

---

[2] Vgl. Röm 6,14; 7,1-6; 10,4; 1Kor 9,20f; 2Kor 3,6; Gal 2,4.19; 3,25; 4,5; 5,1-4.18. S. zum Ganzen Hans-Joachim Eckstein, Verheißung und Gesetz. Eine exegetische Untersuchung zu Gal 2,15 – 4,7, WUNT 86, Tübingen 1996, S. 68ff, S. 217ff, S. 246ff; ders., Auferstehung und gegenwärtiges Leben nach Röm 6,1-11. Präsentische Eschatologie bei Paulus?; in: Der aus Glauben Gerechte wird leben. Beiträge zur Theologie des Neuen Testaments, BVB 5, Münster u.a. [2]2007, S. 36-54; Otfried Hofius, Das Gesetz des Mose und das Gesetz Christi; in: ders., Paulusstudien, WUNT 51, Tübingen [2]1994, S. 50-74.

Um die im Folgenden zu entfaltende These voranzustellen: Für Paulus als den „Apostel der Heiden" (Röm 11,13)[3] ist die grundlegende und endgültige Freiheit vom Gesetz gleich in *dreifacher* Hinsicht bedeutungsvoll: (1) im Hinblick auf die Legitimität der gesetzes- und damit beschneidungsfreien *Heidenmission* (Gal 2,1-21), (2) für die *Rechtfertigung* aller Menschen – ob Juden oder Heiden – im Glauben an Christus (Röm 3,21-4,25; Gal 2,15-4,31) und (3) für das an Christus selbst orientierte *ethische Verhalten* der Glaubenden. Dabei geht Paulus als Judenchrist selbstverständlich vom *göttlichen* Ursprung des Gesetzes aus (auch Gal 3,19!)[4] und findet in ihm als *Schrift* auch das Evangelium bereits verheißen (Röm 1,2).[5] Letztverbindlich ist für ihn als einen an die Weisung Christi Gebundenen (1Kor 9,21) aber die Orientierung an dem „Evangelium Gottes von seinem Sohn" (Röm 1,1ff)[6] und damit an dem „Gesetz Christi" (Gal 6,2)[7].

„Wollen" wir sowohl die *Bedeutung* als auch die *Grenze* des Gesetzes nach Paulus angemessen erfassen, bedarf es zweifellos einer klaren Differenzierung der verschiedenen Verwendungsweisen der Begriffe Gesetz – Nomos – Tora. Zunächst gebraucht Paulus den Begriff „Gesetz" als *prima pars pro toto* – d. h. als „ersten Teil für das Ganze" – im umfassenden Sinne von „Schrift" und kann darunter Zitate

---

[3] Vgl. Röm 1,5; 15,16; Gal 1,16; 2,2.7-9.
[4] Von einer „Inferiorität" – d. h. „Unterlegenheit", „untergeordneten Stellung" oder gar „Minderwertigkeit" – der Sinai-Tora kann bei Paulus lediglich im Vergleich zur *Verheißung* Gottes an Abraham gesprochen werden. Denn während die Verheißung *unmittelbar* von Gott zugesprochen worden ist und Abraham die Segenzusage *persönlich* erhalten hat (Gal 3,6-20), wurde das Gesetz vom Sinai nur *mittelbar* von Gott – nämlich durch *Engel* – gegeben und hat Israel diese spätere Verfügung nur *mittelbar* – nämlich durch *Mose* – empfangen. Davon, dass diese Engel gegen Gott und seinen Willen gehandelt hätten, spricht Paulus aber nirgendwo. S. zu Begründung und Diskussion Eckstein, Verheißung und Gesetz, S. 190ff, hier S. 200. Anders z. B. H. Hübner, Art. νόμος / nomos / Gesetz, EWNT II, Stuttgart 1981, Sp. 1158-1172, hier S. 1169: „Die Funktion des nur durch Engel (wohl dämonische Wesen [!]) gegebenen (Absentierung Gottes [!] aus dem Akt der Gesetzgebung) und zeitlich begrenzten Gesetzes ist es, Sündentaten zu provozieren [!] (3,19f) und somit unter die Macht der Sünde zu stellen".
[5] Vgl. Röm 3,21.31 und 4,1ff; Gal 3,8.
[6] Vgl. Röm 1,9.16f; Gal 1,6-17.
[7] Vgl. auch 1Kor 9,21: „im / unter dem Gesetz Christi stehend".

aus den Propheten und den Psalmen einbeziehen.[8] Von dem Gesetz als *Schrift* gilt für ihn – wie für alle Verfasser der neutestamentlichen Schriften – selbstverständlich: „Heben wir denn das Gesetz auf durch den Glauben? Das sei fernet! Sondern wir richten das Gesetz auf [d. h. wir bringen das Gesetz zur Geltung]" (Röm 3,31). Im Anschluss entfaltet der Apostel ausführlich anhand der „Schrift" (so Röm 4,3), dass schon Abraham und David nicht aufgrund der „Werke des Gesetzes" – d. h. ihrer Befolgung des Gesetzes, ihrer „Toraobservanz" –, sondern aufgrund der Verheißung und aus Gnaden im Glauben gerechtfertigt worden sind (Röm 4,1-25).

Von der gleichen Übereinstimmung und Kontinuität von Verheißung und Evangelium geht Paulus aus, wenn er in der Wendung „Gesetz und Propheten" mit Gesetz den *Pentateuch* – also die fünf Bücher Mose – als den ersten Teil der Schrift bezeichnet. So kann er Römer 3,21 in spannungsreicher, scheinbar paradoxer Weise formulieren: „Nun aber ist [*ohne Gesetz*, d. h.] ohne Zutun des Gesetzes, die Gerechtigkeit Gottes ... offenbart, bezeugt *durch das Gesetz und die Propheten.*[9]

3. Das Gesetz des Mose

Wenn Paulus *kritisch* vom Gesetz redet, dann meint er das „Gesetz des Mose" – die „Sinai-Tora" im spezifisch theologischen Sinne – als die Rechts*forderung* und die Rechts*verfügung* Gottes[10], wie sie sich

---

[8] So Röm 3,19a (nach Propheten- und Psalm-Zitaten); 3,31 (s. a. den folgenden Schriftbeweis in 4,1ff, vor allem 4,3a: „Schrift"); 1Kor 14,21 (Zitat Jes 28,11f); 14,34 (Gen 3,16); Gal 4,21b (Gen 16 und 21); vgl. Joh 10,34; 12,34; 15,25.

[9] Vgl. Mt 5,17; 7,12; 11,13; 22,40; Lk 16,29-31; 24,27. Vgl. zur Dreiteiligkeit des Kanons in Lukas 24,44 die im Neuen Testament einmalige Bezeichnung: „*Gesetz des Mose, Propheten* und *Psalmen*" (wobei die Psalmen wiederum als *prima pars pro toto* für die „Schriften" stehen); vgl. zuvor Sirach, Prolog 1: „das Gesetz, die Propheten und die übrigen ihnen Folgenden".

[10] So in Röm 2,12-15.17f.20.23.25-27; 3,19b.20f.27a.28; 4,13-16; 5,13.20; 6,14f; 7,1-9.12.14.16.22.23b.25; 8,3f.7; 9,31; 10,4f; 13,8.10; 1Kor 9,8f.20; 15,56; Gal 2,16.19.21; 3,2.5.10-13.17-19.21.23f; 4,4f.21a; 5,3f.14.18.23; Phil 3,5f.9 (bei Paulus finden sich insgesamt 120 [118] von 195 Belegen im Neuen Testament).

für ihn in Levitikus 18,5 (Gal 3,12; Röm 10,5) und Deuteronomium 27,26 (Gal 3,10) exemplarisch artikulieren: „Denn der Mensch, der sie [die Satzungen] tut, wird durch sie leben." – „Verflucht sei, wer nicht alle Worte dieses Gesetzes erfüllt, dass er danach tue!" Infolge seiner Begegnung mit dem gekreuzigten und auferstandenen Herrn ist der ehemalige Pharisäer Paulus zu der Erkenntnis gelangt, dass es außerhalb des Glaubens an den Sohn Gottes keine eschatologische Rechtfertigung vor Gott und also auch kein ewiges Leben geben kann – auch nicht für Juden und auch nicht durch Toraobservanz, d. h. durch den Wunsch der umfassenden Befolgung des Gesetzes vom Sinai. Dazu Galater 2,16 (eigene Übersetzung): „Weil wir aber wissen, dass der Mensch nicht auf Grund von Toraobservanz gerechtfertigt wird, sondern ausschließlich durch den Glauben an Jesus Christus, sind *auch wir* [als geborene Juden, V. 15] zum Glauben an Christus Jesus gekommen, damit wir auf Grund des Glaubens an Christus gerechtfertigt werden und nicht aufgrund von Toraobservanz; denn aufgrund von Toraobservanz ‚wird kein Fleisch gerechtfertigt werden'" [Ps 143,2].[11]

Mit den „Werken des Gesetzes", die *nicht* zur Rechtfertigung vor Gott führen können, bezeichnet der Apostel nicht nur die „gesetzlichen" – d. h. in Selbstdarstellung und Leistungsdenken verdrehten und abgewerteten – Gesetzesleistungen[12], die nur durch die falsche Haltung und Intention verfälscht wären. Bei den „Werken des Gesetzes" denkt Paulus aber – entgegen manchen Tendenzen der gegenwärtigen Diskussion – auch nicht nur an die sogenannten ‚identity mar-

---

[11] Zur Unmöglichkeit der Rechtfertigung aufgrund von Toraobservanz nach Paulus s. a. Röm 3,20 (Ps 143,2); 3,28; 4,13f; 8,3a; Gal 2,16 (Ps 143,2); 2,21; 3,11f.21.

[12] Vgl. G. Klein, Art. Gesetz III, TRE 13, Berlin 1984, S. 58-75, hier: S. 67-71 („das Gesetz in dieser Perversionsform [!]", S: 67); vgl. Rudolf Bultmann, Römer 7 und die Anthropologie des Paulus; in: ders., Exegetica. Aufsätze zur Erforschung des Neuen Testaments, Tübingen 1967, S. 198-209, hier S. 200: „Schon die Absicht, durch Gesetzeserfüllung vor Gott gerecht zu werden, ist die Sünde, die an den Übertretungen nur zu Tage kommt."; ders., Christus ist des Gesetzes Ende; in: ders., Glauben und Verstehen, Bd. II, Tübingen ⁵1968, S. 32-58, hier S. 37ff; Hans Hübner, Das Gesetz bei Paulus. Ein Beitrag zum Werden der paulinischen Theologie, FRLANT 119, Göttingen ²1980, S. 28ff.

ker'[13] des Diasporajudentums bzw. des palästinischen Judentums – wie Beschneidung, Speisegebote und Sabbat –, die im Zusammenhang der Heidenmission trennend und hinderlich wirken. Mit beiden Einschränkungen würde die Grundsätzlichkeit seiner Gesetzeskritik im Galater- wie im Römerbrief unzulässig verharmlost. Vielmehr bestimmt Paulus die „Werke des Gesetzes", die weder zu Rechtfertigung noch zum ewigen Leben führen können, im *umfassenden* und *neutralen* Sinne als die *grundsätzliche Bejahung* und *umfängliche Befolgung* der Tora, die sich in Haltung und Tun konkretisiert – also als „Toraobservanz"[14]. Er sagt nicht weniger, als dass kein Mensch – und sei er ein Jude – aufgrund seines gelebten Lebens – selbst wenn es an strenger Toraobservanz orientiert wäre – von sich aus vor Gott bestehen kann.

Angesichts der Christuserkenntnis und in der Retrospektive des Glaubens an den gekreuzigten und auferstandenen Sohn Gottes erkennt der Apostel, dass das Gesetz von Gott in Wahrheit gar nicht zum Leben gegeben worden ist, sondern zur *Dokumentation,* zur *Entlarvung* und zur *Verurteilung der Sünde*: „Denn durch das Gesetz kommt *Erkenntnis der Sünde*" (Röm 3,20) – „Denn das Gesetz bewirkt *Zorn[-gericht]*" (Röm 4,15; ELB) – „... damit die Sünde durch das Gebot *überaus sündig* werde" (Röm 7,13).[15] Damit gewinnt das Ge-

---

[13] Vgl. James D.G. Dunn, Romans 1-8, WBC 38A, Dallas/Texas, S. 153f.185f; ders., The New Perspective on Paul, BJRL 65, 1983, S. 95-122. Vgl. zum Ganzen Christian Strecker, Paulus aus einer „neuen Perspektive". Der Paradigmenwechsel in der jüngeren Paulusforschung, KuI 11, 1996, S. 3-18; Michael Bachmann, J.D.G. Dunn und die Neue Paulusperspektive, ThZ 63, 2007, S. 25-43; Christof Landmesser, Umstrittener Paulus. Die gegenwärtige Diskussion um die paulinische Theologie, ZThK 105, 2008, S. 387-410.

[14] Zu „Toraobservanz" im umfassenden Sinne (hebr. מעשי תורה / „Werke des Gesetzes" vgl. 4QFlor I,7 [= 4Q174 III,7 *v.l.*]; 4QFlor II,2 [= 4Q174 IV,2]) als Weg zur Gerechtigkeit, d. h. zum Heil s. a. Galater 5,4: „die ihr durch das Gesetz / im Gesetz gerechtfertigt werden wollt". So in den Wendungen „aus Werken des Gesetzes" (Röm 3,20; Gal 2,16 [3x]; 3,2.5.10), kurz: „aus Werken" (Röm 4,2; 9,12.32; 11,6); „ohne Werke des Gesetzes" (Röm 3,28), kurz: „ohne Werke" (Röm 4,6); „im Gesetz" (Gal 3,11; 5,4; Phil 3,6); „aufgrund des Gesetzes" (Röm 10,5; Gal 3,21; Phil 3,9); „durch das Gesetz" (Gal 2,21). Vgl. zum Ganzen Eckstein, Verheißung und Gesetz, S. 21ff, S. 49ff, S. 76ff, S. 86ff, S. 104ff, S. 121ff.

[15] Gemäß Römer 7,13 im Sinne von: „sich als sündig *erweise*, als sündig *erscheine* und *sichtbar würde*".

setz des Mose für den ehemaligen Pharisäer und jetzigen Judenchristen Paulus eine ebenso *kritische*, aber unbestritten *gottgewollte* Funktion wie die *Gerichtspropheten* in Israel. Auch deren Beauftragung war nicht vorrangig mit der Perspektive der Umkehr, sondern der der Überführung und Verurteilung Israels hinsichtlich ihrer Übertretungen verbunden (vgl. Am 3,3ff; 7,1-9,10; Jes 6,1-13; Ez 3,17-19). An den Gerichtspropheten lässt sich bis heute wohl am eindrücklichsten veranschaulichen, wie zugleich die göttliche Herkunft bzw. Autorität als „Schrift" und die kritische Funktion der Anklage als „Gesetz" im Sinne des Paulus theologisch zusammen zu denken sind. So kann der Apostel das „Gesetz" auch überall dort vernehmen, wo die „Schrift" als „Gesetz" den Menschen bei der Sünde behaftet, auch wenn es sich konkret um Zeugnisse der *Propheten* oder der *Psalmen* handelt – wie in Römer 3,9-20.[16]

Unter dieser Voraussetzung wird deutlich, warum nach Paulus auch diejenigen, die in der Toraobservanz leben wollen, grundsätzlich unter der berechtigten Anklage und Verurteilung – d. h. unter dem „Fluch" – des Gesetzes stehen: „Denn die aus den Werken des Gesetzes leben, die sind unter dem Fluch" (Gal 3,10).[17] Weil nach dem Evangelium nur der Geist des Herrn – d. h. Jesu Christi (2Kor 3,14.16.17) – von der Vorherrschaft der Sünde und des Todes befreit, kann Paulus in äußerst provozierender Zuspitzung den Dienst des von Gott gegebenen Gesetzes als einen Dienst der *Verurteilung* und *Verdammnis* (2Kor 3,9) und sogar als Dienst des *Todes* (2Kor 3,7) bezeichnen: „Denn der Buchstabe tötet, aber der Geist macht lebendig. ... Der Herr ist der Geist; wo aber der Geist des Herrn ist, da ist Freiheit" (2Kor 3,6.17). Folglich entspricht dem Versklavtsein unter der Vorherrschaft der Sünde – dem „Unter-der-Sünde-Sein" (Gal 3,22; Röm 3,9; vgl. 5,12; 7,14) – die Existenz unter der unentrinnbaren Anklage des Gesetzes, das „Unter-dem-Gesetz-Sein": „Ehe aber

---

16 Vgl. Gal 3,22: „Es hat aber *die Schrift* alles eingeschlossen unter die Sünde, damit die Verheißung durch den Glauben an Jesus Christus gegeben würde denen, die glauben."

17 Zu „unter dem Gesetz sein" s. a. Gal 4,4f.21; 5,18; Röm 6,14f; vgl. 1Kor 9,20; Gal 3,23.

der Glaube kam, waren wir unter dem Gesetz verwahrt und verschlossen auf den Glauben hin, der dann offenbart werden sollte. ...
Nachdem aber der Glaube gekommen ist, sind wir nicht mehr unter dem [Aufseher]" (Gal 3,23.25).

4. „Gesetz" im übertragenen Sinne als bestimmende Weisung und Gesetzmäßigkeit

Nachdem der Begriff des „Gesetzes" bei Paulus also einerseits im Sinne von (1) „Schrift"/Pentateuch und andererseits und zentral als (2) „Gesetz des Mose"/Sinaitora verwendet werden kann, verwendet der Apostel den Begriff „Gesetz"/„Nomos" mit dem griechischen Sprachgebrauch auch noch (3) im *übertragenen Sinne* von „bestimmende Weisung" bzw. „Maßstab", „Gesetzmäßigkeit", „Prinzip". So besonders eindrücklich in Römer 3,27: „Durch welches *Gesetz / Prinzip* [ist das Rühmen ausgeschlossen]? Durch das Gesetz/Prinzip *der Werke*? Nein, sondern durch das Gesetz/Prinzip *des Glaubens*." Dieser *übertragene* Sinn von Nomos/Gesetz findet sich auch außerhalb der paulinischen Briefe, wie z. B. in Weisheit Salomos 2,11, wo der Gottlose überheblich spricht: „Es sei unsere Macht *Nomos* – d. h. *Gesetz/Maßstab/Norm* – der Gerechtigkeit, denn das Schwache erweist sich als nutzlos." Während das Gesetz des Mose, die Sinai-Tora, bei Paulus wegen seiner verbreiteten Verwendung meist absolut gebraucht wird – „Gesetz" oder „das Gesetz" –, lässt sich der übertragene Gebrauch meist an den beigefügten näheren Bestimmungen (Genitivattributen) erkennen, die das Wortspiel andeuten: „Gesetz der *Sünde*", „- des *Todes*", „- der *Werke*" oder eben „Gesetz *Christi*" bzw. „Gesetz des *Glaubens*", „- des *Geistes*".

In Römer 7,7-25 beschreibt Paulus die Unfähigkeit des Menschen, Gottes gutes und gerechtes Gebot und sein heiliges Gesetz (Röm 7,12.14) von sich aus zu erfüllen, indem er die Situation Adams – d. h. „des Menschen" – im Anschluss an Genesis 2 und 3 reflektiert. Dabei enthüllt er die Situation des Menschen ohne Christus – *remoto*

Christo –, wie dieser sich erst vom Glauben her – also *in Christo* – in der Retrospektive erkennt. Danach hat „der Mensch" von Anfang an faktisch nicht auf die lebensfördernde Weisung Gottes nach Genesis 2,17/Römer 7,10.12 gehört, sondern sich von der todbringenden „Weisung" der Schlange, d. h. der Sünde, verführen und betrügen lassen (Gen 3,13 / Röm 7,11: „[sie] betrog mich"). Diese „Weisung" der Schlange bzw. der Sünde (Gen 3,1-5; Röm 7,8.11) bezeichnet Paulus wegen ihrer unheilvollen Wirkung als das „Gesetz der *Sünde*" (Röm 7,23) bzw. als das „Gesetz der *Sünde* und des *Todes*" (Röm 8,2). Sowenig Gottes gutes Gebot nach Paulus selbst Sünde ist oder den Tod bewirkt (Röm 7,7.13), sowenig vermag das Gesetz des Mose doch den Menschen von der todbringenden Vorherrschaft der Sünde zu befreien; dies ist „das dem Gesetz Unmögliche" (Röm 8,3). Denn im Menschen findet sich von Adam an ein *„anderes* Gesetz", das dem Gesetz Gottes widerstreitet und den Menschen gefangen nimmt unter dem Diktat der Sünde (Röm 7,23). Dieses „andere Gesetz" – als *bestimmende Weisung/Maßstab/Prinzip* – bestimmt Paulus auf der Grundlage von Genesis 3,6 und Exodus 20,17 als „sündige Leidenschaften" (Röm 7,5), als „Begierde" (Röm 7,8) und als das menschliche Prinzip des „Fleisches" (Röm 7,25; 8,1-13).

Die Antwort auf diese verzweifelte Situation der grundsätzlichen Unfreiheit, Gefangenschaft und Versklavung des Menschen erkennt der Apostel seit seiner Christusbegegnung nun nicht mehr in dem mosaischen Gesetz, sondern vielmehr in dem in Christus Jesus wirksamen „Gesetz des *lebendigmachenden Geistes*" (Röm 8,2) und der „Weisung", dem „Maßstab" und dem „Prinzip des Glaubens" – eben dem „Gesetz des *Glaubens*" (Röm 3,27). Und sosehr die *gute Rechtsforderung* des Gesetzes Gottes, des Gebotes der Nächstenliebe und des Dekalogs durch den Glauben an Christus und die Frucht des Geistes bestätigt und nicht widerlegt wird (Röm 8,4; 13,8-10; Gal 5,14.23b), sosehr ist für den „Apostel der Heiden" (Röm 11,13) im Konfliktfall nicht das Gesetz des Mose, sondern die Weisung und Tora des Christus – das „Gesetz *Christi*" (Gal 6,2) – *letztverbindlich*.

Nach 1. Korinther 9,20-21 sieht sich der Apostel nicht mehr „unter dem Gesetz (des Mose)", sondern „in/unter dem Gesetz *Christi*" –

und gerade deshalb Gott gegenüber nicht mehr „gesetzlos", „nicht ohne Gesetz vor Gott". In Übereinstimmung damit gewinnt Paulus die Maßstäbe für seine ethischen Weisungen jeweils ganz konkret an der Person, dem Weg und der Weisung des gekreuzigten und auferstandenen Herrn.[18] Oder um die ganze Theologie der Befreiung von den den Menschen versklavenden Mächten – der Sünde, dem Tod und eben auch dem Gesetz des Mose – mit den Worten des Paulus in Römer 8,1-4 zusammenzufassen:

„So gibt es nun keine Verdammnis für die, die in Christus Jesus sind. Denn das *Gesetz des Geistes*, der lebendig macht in Christus Jesus, hat dich frei gemacht von dem *Gesetz der Sünde und des Todes*. Denn was *dem Gesetz* unmöglich war, weil es durch das Fleisch geschwächt war, das tat Gott: Er sandte seinen Sohn in der Gestalt des sündigen Fleisches und um der Sünde willen und verdammte die Sünde im Fleisch, damit die Gerechtigkeit, vom *Gesetz* gefordert, in uns erfüllt würde, die wir nun nicht nach dem Fleisch leben, sondern nach dem Geist."

Wollte man die konkrete Orientierung des Apostels in ethischen Fragen und das Verhältnis des Gesetzes Christi zum Gesetz des Mose in kritischen Entscheidungen auf eine Formel bringen, so könnte man in Aufnahme von Römer 8,4; 13,8-10 und Galater 5,14.23b vielleicht formulieren: So viel Kontinuität und Übereinstimmung mit dem Gesetz des Mose wie *möglich*, so viel Diskontinuität, Ablösung und Überwindung um des Evangeliums und des Gesetzes Christi willen wie *nötig*. Die eindrücklichsten Beispiele für diesen differenzierten Umgang mit dem Gesetz des Mose mag man in der paulinischen Darstellung des Apostelkonzils zur Frage der beschneidungsfreien Heidenmission (Gal 2,1-11) oder in der des Antiochenischen Konflikts um die gemeinsame Mahlgemeinschaft zwischen Juden- und Heidenchristen (Gal 2,11-21) sehen. In beiden Fällen forderte der Gehorsam gegenüber der „Wahrheit des Evangeliums" für Paulus auch von Judenchristen die Freiheit vom Gesetz des Mose, nach dem die Be-

---

[18] Vgl. Röm 14,15; 15,1-3.7; 1Kor 8,11; 2Kor 8,7-9; Phil 1,27–2,18.

schneidung und das Einhalten des Ritualgesetzes an sich und unabhängig von Christus keineswegs zur Disposition gestellt werden könnten.

Dabei wäre es eine dem Judentum wie dem Neuen Testament fremde Vereinfachung, wenn man das Gesetz des Mose nur hinsichtlich seiner *kultischen* und *rituellen* Vorschriften als aufgehoben ansähe und die *ethischen* und *moralischen* Gebote und Verbote – wie das Gebot der Nächstenliebe (Lev 19,18 in Gal 5,14) oder die Zehn Gebote (Ex 20,1ff; Dtn 5,6ff in Röm 13,8-10) – als vom Evangelium unberührt und an sich bleibend gültig verstehen wollte. Denn einerseits lassen sich Kult und Moral, rituelle und ethische Gebote nach alttestamentlichem wie jüdischem und judenchristlichen Verständnis nicht einfach nach Belieben trennen und außer Kraft setzen, und andererseits gibt es nach frühchristlichem Verständnis nichts – nicht einmal das Gesetz des Mose oder die Schrift als Ganze –, was nicht von Christus her neu zu lesen, zu verstehen und zu „entdecken" wäre.[19]

5. Das Evangelium Jesu Christi und die Offenbarung der Gerechtigkeit Gottes

In Aufnahme unseres Titels und in Übereinstimmung mit der traditionellen Formulierung „Gesetz und Evangelium" haben wir mit der Darstellung des „Gesetzes" bei Paulus eingesetzt, um nun zu dem zu kommen, was für den Apostel selbst eigentlich die *Vorrausetzung* und damit auch die hermeneutische *Grundlage* seiner neuen Sicht auf die

---

[19] Vgl. 2Kor 3,14-16: „Denn bis auf den heutigen Tag bleibt diese Decke unaufgedeckt über dem Alten Testament, wenn sie es lesen, *weil sie nur in Christus abgetan wird.* Aber bis auf den heutigen Tag, wenn Mose gelesen wird, hängt die Decke vor ihrem Herzen. Wenn Israel aber *sich bekehrt zu dem Herrn, so wird die Decke abgetan"* (vgl. Phil 3,7-9; Röm 10,1-4).

„Heilige Schrift" (Röm 1,2)[20] und damit auch auf die Tora des Mose ist: das Evangelium von Jesus Christus. Wenn der Apostel wie im Römerbrief den Inhalt seiner Theologie und Verkündigung an eine ihm persönlich noch unbekannte Gemeinde und frei von konkreten Gemeindeproblemen entfalten kann, dann wählt er offensichtlich eine andere Reihenfolge.[21]

Paulus selbst eröffnet seine grundlegende Entfaltung des von ihm verkündigten Evangeliums in Briefeinleitung (Röm 1,1-7 und 8-15) und Briefthema (Röm 1,16f) des Römerbriefs nicht etwa mit einer Definition des „Gesetzes", sondern vielmehr mit seinem freimütigen Bekenntnis zu dem Evangelium Gottes (Röm 1,1; vgl. 1,16) als dem Evangelium von seinem Sohn, Jesus Christus (Röm 1,3.9), in dem Gottes Gerechtigkeit wirksam offenbart worden ist: „Ich schäme mich des Evangeliums nicht; denn es ist eine Kraft Gottes [zum Heil für jeden Glaubenden] – den Juden zunächst und auch den Griechen. Denn die Gerechtigkeit Gottes wird in ihm offenbart [– aus Glauben zum Glauben d. h. ausschließlich im Glauben]; wie geschrieben steht: ‚Der aus Glauben Gerechte wird leben' (Hab 2,4)" (Röm 1,16f).

Dieses offene Bekennen des Evangeliums[22] ist für Paulus gleich

[20] Vgl. zur Bezeichnung des Alten Testaments als der „Bibel" sowohl der Juden als auch der ersten Christen: die „Schrift" Gal 3,8.22; 4,30; Röm 4,3; 9,17; 10,11; 11,2; im Plural: die „Heilige[n] Schrift[en]" Röm 1,2. Die spätere Bezeichnung für die „Bibel" insgesamt – „Biblion", „Biblos", „das Buch" – findet sich im Neuen Testament noch in der begrenzten Bedeutung von „Schriftrolle": z.B. Gal 3,10 (Torarolle); Lk 4,17.20 (Rolle des Propheten Jesaja); Mk 12,36 (das Buch des Mose); Lk 3,4 (das Buch der Worte des Propheten Jesaja).

[21] Dies gilt sogar von dem durch die Gesetzesproblematik veranlassten Galaterbrief! Bevor Paulus in Galater 2,16 den Begriff des „Gesetzes" einführt, hat er zuvor bereits ausführlich vom „Evangelium" bzw. von der „Evangeliumsverkündigung" gehandelt (Gal 1,6f.8f.11f.16.23; 2,2.5.7.14).

[22] Vgl. zu „das Evangelium" absolut, d. h. ohne Ergänzung: Röm 1,16; 10,16; 11,28; 1Kor 4,15; 9,14.18.23; 2Kor 8,18; 11,4; Gal 1,11; 2,2.5.14; Phil 1,5.7.12.16.27; 2,22; 4,3.15; 1Thess 2,4; Phlm 13; vgl. Gal 1,6 („anderes Evangelium"). Mit *Genitivus subiectivus* („Gottes"): Röm 1,1; 15,16; 2Kor 11,7; 1Thess 2,2.8.9. Mit *Genitivus obiectivus*: Röm 1,9 („seines Sohnes"/„von seinem Sohn"); 15,19 (wie im Folgenden: „Christi"/„von Christus"); 1Kor 9,12; 2Kor 2,12; 9,13; 10,14; Gal 1,7; Phil 1,27; 1Thess 3,2; 2Kor 4,4 („der Herrlichkeit Christi"/„von der Herrlichkeit Christi"); Röm 10,8.17 wegen des Kontextes (Dtn 30,14): „das Wort (Christi)". – Vgl. noch „mein Evangelium" (Röm 2,16; 16,25); „unser Evangelium" (2Kor 4,3;

zweifach begründet: Zunächst ist es bekennenswert, da es sich dabei nicht nur um das Wort des Paulus oder der Jerusalemer Apostel handelt, sondern um *Gottes „Wort"*[23]. Das Evangelium hat Gott selbst seinen Aposteln mit der Offenbarung seines auferstandenen Sohnes erschlossen (Gal 1,11f.15f; vgl. 1Kor 15,5-10)[24], und Jesus Christus ist mit seinem stellvertretenden Sterben und seiner Auferstehung *in Person* der eigentliche und zentrale Inhalt des Evangeliums.[25] Die *Verkündigung* und das *Zeugnis der Apostel* – das sogenannte *Kerygma*[26] – haben dieses von Gott offenbarte Evangelium als Grundlage und Kriterium (Röm 10,16f; Gal 1,6-12). Dass das Evangelium Gottes sogar den Aposteln noch als Maßstab und Richtschnur vorgegeben ist,

[23] 1Thess 1,5 – „das von mir/von uns verkündigte Evangelium); „das Evangelium der Unbeschnittenheit" (Gal 2,7 – „das Evangelium für die Unbeschnittenen"). – Entscheidend ist, dass die Evangelienschriften des Neuen Testaments sich selbst als das apostolische Zeugnis von dem *einen* und *vorgegebenen Evangelium* verstehen (s. Luk 1,1-4) und nicht ihrerseits *verschiedene Evangelien* (im Plural) mit menschlichen Autoren darstellen wollen. Dementsprechend lauten auch die frühesten Evangelienüberschriften: „Evangelium *nach* Matthäus", „- *nach* Markus", „- *nach* Lukas" und „- *nach* Johannes" oder einfach „*Nach* Matthäus" usw. Wenn wir heute vom „Matthäusevangelium" usw. sprechen, ist aus der ursprünglichen Bezeichnung für die Selbsterschließung Gottes in Jesus Christus – „*das* Evangelium *Gottes"* – die Benennung einer *Darstellungsform* bzw. einer *Buchgattung* geworden.

[24] Vgl. zu „das Wort" Phil 1,14 (Textvariante); 1Thess 1,6; „das Wort Gottes" 1Kor 14,36; 2Kor 2,17; 4,2; 1Thess 2,13; vgl. Phil 1,14 (Textvariante) – „das Wort vom Kreuz" (1Kor 1,18); „das Wort von der Versöhnung" (2Kor 5,19).

[24] Jesus Christus ist den Aposteln bei deren Einsetzung als der Auferstandene erschienen („er ist erschienen", 1Kor 15,5-10; vgl. Lk 24,34); er wurde ihnen von Gott offenbart („Offenbarung" – „offenbaren", Gal 1,12.16); er wurde von ihnen „gesehen" (1Kor 9,1) und erkannt (2Kor 4,6; Phil 3,8); – s. zu Berufung zum Apostel Röm 1,1.5; 1Kor 9,1; 15,8-10; Gal 1,1.11f.15f (Jer 1,5; Jes 49,1); vgl. Röm 15,15f; 2Kor 4,6; 5,18-20; Gal 2,7-9; Phil 3,8; – nach Lukas: Apg 9,1ff; 22,6ff; 26,12ff und zum Apostelbegriff Apg 1,21f.

[25] Zu Jesus Christus als dem *Inhalt* des Evangeliums vgl. (neben den in Anm. 22 unter *Genitivus obiectivus* genannten Belegen) 1Kor 1,23; 2,2; 2Kor 1,19; 2Kor 4,5; Gal 3,1.

[26] Vgl. zu „Kerygma"/„Verkündigung" 1Kor 1,21; 2,4; 15,14; zu „Kunde"/„Predigt" Röm 10,16f; Gal 3,2.5; 1Thess 2,13; zu „Zeugnis" 1Kor 1,6; zu „Ermahnung"/„die Ermunterung" 1Thess 2,3; zu „Evangelium verkündigen" absolut: Röm 1,15; 15,20; 1Kor 1,17; 9,16.18; 2Kor 10,16; Gal 4,13; mit Objektsakkusativ: Röm 10,15; Gal 1,16; 1,23; vgl. vor allem die *figura etymologica* „das Evangelium als Evangelium verkündigen" in 1Kor 15,1; 2Kor 11,7; Gal 1,11; (von einer menschlichen „guten Nachricht" 1Thess 3,6).

kann für den Fall einer Auseinandersetzung um die „Wahrheit des Evangeliums" (Gal 2,5.14) zwischen Aposteln von entscheidender Bedeutung sein, wie sich z. B. beim Konflikt zwischen Paulus, Petrus und den Jakobusleuten um die Mahlgemeinschaft zwischen Judenchristen und Heidenchristen in Antiochien zeigt (Gal 2,11-21).[27]

Neben dem göttlichen *Ursprung* des Wortes motiviert den Apostel freilich auch der *Inhalt* des Evangeliums zu seinem freudigen Bekenntnis, denn es enthält im Wortsinn eine „erfreuliche Botschaft" und „gute Nachricht" für die Menschen, denen es verkündet wird. Fragen wir nach dem konkreten Inhalt des Evangeliums, dann werden wir zunächst und vor allem auf die Person Jesus Christus hingewiesen, denn das Evangelium *Gottes* ist – wie wir sahen – das Evangelium von seinem *Sohn* (Röm 1,3f.9; 15,19). Es teilt uns mit, wer Christus ist und wie Gott, der Vater, an und in ihm zugunsten der Menschen gehandelt hat und handeln wird. Die reformatorische Betonung des *solus Christus* – des „Christus allein" – gründet in diesem christozentrischen Verständnis des Evangeliums. Dieses Handeln Gottes ist dabei so zentral und wesentlich mit dem Kreuz und der Auferstehung verbunden, dass Paulus das Evangelium als Ganzes auch als das „Wort vom Kreuz" (1Kor 1,17f) bezeichnen kann. Und es ist so zentral mit der Frieden stiftenden Versöhnung der Welt mit Gott befasst, dass er es ebenso als das „Wort von der Versöhnung" charakterisiert (2Kor 5,19).

In Römer 1,16f wird das Evangelium von Paulus gleich in *fünffacher* Hinsicht als „bekenntniswürdig" und verkündigungswert charakterisiert: Es ist (1) eine *Kraft* – (2) von *Gott* – (3) zum *Heil* – (4) für *jeden* – (5) im *Glauben* (1,16b); wobei die in der Auseinandersetzung mit den judaistischen Gegnern besonders brisante Betonung des „für *jeden*" (4) durch die Ergänzung „den *Juden* zuerst und *auch den Griechen*" (1,16c) nochmals hervorgehoben wird. Dass es Paulus in seinem prägnanten Briefthema neben diesem *universalen* Aspekt des Evangeliums vor allem um die exklusive Bedeutung des *Glaubens* geht (zusammengefasst in der Wendung „für *jeden Glaubenden*",

---

[27] Vgl. auch die Auseinandersetzung um die grundlegende Frage der beschneidungsfreien Heidenmission im Zusammenhang des sogenannten „Apostelkonzils" (Gal 2,1-10; Apg 15,1-29; vgl. Apg 10,1–11,18).

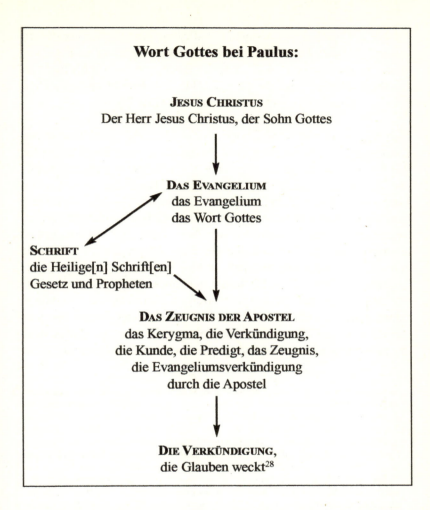

Wort Gottes bei Paulus:

JESUS CHRISTUS
Der Herr Jesus Christus, der Sohn Gottes

DAS EVANGELIUM
das Evangelium
das Wort Gottes

SCHRIFT
die Heilige[n] Schrift[en]
Gesetz und Propheten

DAS ZEUGNIS DER APOSTEL
das Kerygma, die Verkündigung,
die Kunde, die Predigt, das Zeugnis,
die Evangeliumsverkündigung
durch die Apostel

DIE VERKÜNDIGUNG,
die Glauben weckt[28]

---

[28] Vgl. Röm 10,17; Gal 3,2.5, was Paulus nicht etwa nur auf die Apostel selbst beschränkt sieht, sondern auch für seine Mitarbeiter und die Zeugnis gebenden Gemeindeglieder voraussetzt. – Mit der Abstufung in der Darstellung von *Jesus Christus, dem Sohn Gottes,* bis hin zur *Verkündigung* auf der Stufe der Apostelschüler
und anderen Verkündigern in der Gemeinde ist einerseits eine Abhängigkeit und ein
Autoritätsgefälle verbunden, insofern alle Verkündigung und Theologie auf das
Zeugnis der Apostel – vom *Evangelium* – von *Jesus Christus,* wie es sich in den
neutestamentlichen Schriften findet, angewiesen sind und keinen unmittelbaren
Rückgriff auf die „Wahrheit des Evangeliums" an dieser Überlieferung vorbei ha-

1,16b), zeigt sich an der doppelten Aufnahme des Glaubensmotivs im folgenden Satz: Die Offenbarung im Evangelium geschieht „*aus Glauben zum* Glauben", d. h. „ausschließlich, von Anfang bis Ende im Glauben" (1,17a); und die Schrift (Hab 2,4) spricht ausschließlich dem „aus *Glauben* Gerechten" das Leben zu (1,17b).[29]

Nun mag uns heute – mehr noch als die fünffache Qualifikation des Evangeliums – überraschen, dass Paulus als weitere Begründung für das freudige Bekenntnis der guten Botschaft Gottes und als inhaltliche Zusammenfassung derselben angibt: „Denn die *Gerechtigkeit Gottes* wird in ihm [dem Evangelium] offenbart." — Inwiefern kann man beim Wort Gottes von einer „erfreulichen Nachricht" reden, wenn darin Gottes *Gerechtigkeit* offenbart wird? Und was hat die Gerechtigkeit mit der Bestimmung des Evangeliums als „Kraft Gottes zum Heil für jeden Glaubenden" zu tun? Wenn doch, wie Paulus im Anschluss (Röm 1,18-3,20) selbst nochmals vergegenwärtigt, Gott ein gerechter Richter ist und jeder Mensch einmal auf der Grundlage seines gelebten Lebens von Gott ohne Ansehen der Person beurteilt werden wird (2,6ff), inwieweit handelt es sich dann bei Gottes Wort um eine entlastende und erleichternde Botschaft? Erwarten wir nicht

ben. Andererseits ist damit aber auch gesagt, dass der gekreuzigte und auferstandene Herr in der Evangeliumsverkündigung noch heute als Gottes Leben schaffendes Wort gegenwärtig und wirksam ist, sofern es wirklich die Wahrheit des Evangeliums von Jesus Christus ist, die wir gemäß dem apostolischen Zeugnis verkündigen. Der Glaube, die Rechtfertigung und das Leben, die Gott unter unserer Verkündigung wirken will, sind nicht mittelbarer oder weniger verbindlich als die durch die Apostel gewirkten. Gleich einem *Römischen Brunnen* wird die untere Schale jeweils von der oberen gespeist, sodass – liegt keine Verunreinigung vor – auch in der untersten Schale noch das Wasser der obersten zu schöpfen ist. Besonders eindrücklich formuliert in 1. Thessalonicher 2,13 (ELB): „Und darum danken auch wir Gott unablässig, dass ihr das *von uns verkündigte* Wort Gottes, als ihr es empfingt, nicht als Menschenwort aufnahmt, sondern – wie es das wahrhaftig ist – als *Gottes Wort*, das auch *in euch*, den Glaubenden, *wirksam ist*."

[29] Vgl. zum Ganzen allgemeinverständlich Hans-Joachim Eckstein, Zur Wiederentdeckung der Hoffnung. Grundlagen des Glaubens, Holzgerlingen ²2008, S. 45-76; ders., Glaube, der erwachsen wird, Holzgerlingen ⁷2008, S. 19-51; wissenschaftlich: Hans-Joachim Eckstein., „Nahe ist dir das Wort". Exegetische Erwägungen zu Römer 10,8; in: ders., Der aus Glauben Gerechte wird leben, S. 55-72; ders., Verheißung und Gesetz, S. 15ff., S. 82ff., S. 110ff., S. 253ff u. ö.

von einem gerechten Richter, dass er seine Gerechtigkeit in einem unbestechlichen, analytischen Urteil erweist, dass er nach dem lateinischen Rechtsgrundsatz *suum cuique* – „jedem das Seine" – einem jeden zuteilt, was er verdient: dem zu Unrecht Verklagten den Freispruch und dem Schuldigen die verdiente Verurteilung, dem Unschuldigen die Wiedergutmachung und dem Ungerechten seine Strafe? Muss die Ankündigung einer solchen „verteilenden" Gerechtigkeit (*iustitia distributiva*) des allwissenden himmlischen Herrn nicht eher Angst und Sorge verbreiten als Hoffnung und Freude? Wer will sich denn anmaßen, nach Gottes Maßstäben und ihm gegenüber stets vollkommen und gerecht gelebt zu haben? Sind wir mit der Rede von Gottes *Gerechtigkeit* nicht vielmehr in dem zuvor beschriebenen Bereich des *Gesetzes* als in dem des *Evangeliums*?

In der Tat lässt sich mit unserem Vorverständnis von „Gerechtigkeit" das Evangelium als ein erfreuliches und kraftvolles Wort Gottes zum Heil für jeden Glaubenden kaum begreifen. Paulus schließt sich in seiner Bestimmung von der „Gerechtigkeit Gottes" jedoch vielmehr an das *alttestamentlich-jüdische* Verständnis von Gerechtigkeit an[30]:

(1) Nach alttestamentlichem Verständnis ist die „Gerechtigkeit" (hebr. *ṣedāḳā*) viel weniger als in unserem Denken an einer abstrakten Norm, an einem „Gesetz" orientiert, sondern an den *Beziehungen* – zunächst zu Gott, dann zum Nächsten und zum eigenen Volk. Der Mensch ist nicht *an sich* gerecht und auch nicht primär gegenüber dem *Gesetz vom Sinai* – das zweifellos die Grundlage des jüdischen Glaubens und Lebens bildet –, sondern im Hinblick auf eine konkrete, gelebte *Beziehung*. Die Aussage: „Ich bin gerecht!" müsste nach alttestamentlichem Verständnis sofort präzisiert werden durch die Frage: „Wem gegenüber?" Denn die Gerechtigkeit wird hier als *Relations-*, d. h. *Beziehungsbegriff* verstanden: „Gerechtigkeit" (*ṣedāḳā*) ist in

---

[30] Vgl. wissenschaftlich: K. Koch, Art. *ṣdq*, THAT II, München 1976, S. 507-530, hier S. 527; Friedrich Vinzenz Reiterer, Gerechtigkeit als Heil. *ṣdq* bei Deuterojesaja, Graz 1976, S. 24-116, S. 208-216; Hans-Joachim Eckstein, Gott ist es, der rechtfertigt. Rechtfertigungslehre als Zentrum paulinischer Theologie? ZNT 14, 7. Jahrgang, 2004, S. 41-48; ders., Verheißung und Gesetz, S. 15ff, S. 50ff, S. 95ff, S. 142ff u.ö.

alttestamentlich-jüdischer Tradition das *der Beziehung entsprechen-*
de, das *gemeinschaftsbezogene* Verhalten; und als „gerecht" gilt ein
Tun, wenn es „gemeinschaftstreu", „loyal" und „heilvoll" ist.

(2) Dieses besondere Verständnis von „Gerechtigkeit" als einem Relationsbegriff entspricht nun einer vertieften *anthropologischen* Ge-
samtsicht: Der von Gott geschaffene und von ihm in die Gemeinschaft
gestellte Mensch existiert nicht an sich und unabhängig von anderen,
sondern er lebt in konkreten Beziehungen, im Angesprochensein und
Sprechen, im Mitteilungsgeschehen zwischen Gott und seinem Volk.
Was unserer individualistischen Tradition durchaus fremd erscheinen
mag, ist für die biblischen Traditionen konstitutiv – d. h. wesentlich
und grundlegend: Der Mensch ist für das „Wir" geschaffen, für die lebensfördernde und heilvolle Gemeinschaft. Haben die einzelnen Mit-
glieder eine solche zuträgliche Beziehung, dann herrscht im gefüllten
Sinn „Frieden" – „Schalom". Denn wenn der Mensch *ist*, dann ist er
in Beziehung. Mit dem Verlust seiner lebensstiftenden und -tragenden
Beziehungen ist sein Leben selbst gefährdet. Der Beziehungslose
würde seine Lebensgrundlage verlieren, der von Gott und Menschen
Verlassene sähe sich von der Todessphäre bedroht. Auf diesem Hintergrund gewinnt die Bestimmung der Gerechtigkeit als *ein der Bezie-*
hung entsprechendes Verhalten einen ganz gefüllten Sinn: „Gerechtigkeit" (*ṣedāḳā*) ist nachdrücklich als *personaler* Relationsbegriff zu
verstehen.

(3) Nun versteht es sich fast von selbst, dass die inhaltliche Konkretion einer solchen Gerechtigkeit von dem *jeweiligen Verhältnis* abhängig ist. Die Beziehung zu Gott ist eine andere als die zu Menschen,
die Relation zum Nächsten ist nicht die gleiche wie die zum Feind.
Was als gerechtes Verhalten gegenüber einem Fremden im Land gelten mag, z. B. die Duldung und die Gewährung des Gastrechtes, wäre
als Verhalten gegenüber der Ehefrau und den Kindern oder auch gegenüber den eigenen Eltern unzureichend. Die *Beziehung* gibt die
Kriterien für die Bestimmung des gerechten Verhaltens vor.
  In Hinsicht auf die Gottesbeziehung sind die Vorgaben in der breiten alttestamentlichen Tradition im entscheidenden Punkt überra-

schend einheitlich und weitgehend. Ob wir an die drei ersten der Zehn Gebote denken (Ex 20,1ff; Dtn 5,6ff) oder an das bis in die Gegenwart hinein von Juden gebetete „Höre Israel, der Herr ist unser Gott, der Herr allein" (Sch^{e}ma Jisrael) samt dem nachfolgenden Gebot der Liebe zu Gott (Dtn 6,4f), die hier beschriebene Relation ist nicht nur eine von vielen personalen Beziehungen, sie zeichnet sich vielmehr durch ihre *Ganzheitlichkeit* und *Ausschließlichkeit* aus. Die Beziehung zu Gott ist Israel von Gott selbst als eine *ganzheitlich*-personale eröffnet, oder um es mit den Worten der „Zugehörigkeitsformel" zu sagen, Gott spricht zu Israel: „Ich will unter euch wandeln und will *euer Gott* sein, und ihr sollt *mein Volk* sein" (Lev 26,12; vgl. Ez 37,27; Offb 21,3).

(4) Wenn aber die Beziehung zu Gott in solch radikaler und umfassender Weise als „Liebe von ganzem Herzen, von ganzer Seele und mit aller Kraft" (Dtn 6,5) beschrieben wird und wenn die Loyalität und Treue zu Gott in der Ausschließlichkeit des ersten Gebotes bestimmt wird – „Ich bin der Herr, dein Gott, du sollst keine anderen Götter neben mir haben!" (Ex 20,2f) –, dann erscheint auch das Verständnis der Ungerechtigkeit, der Verfehlung und Sünde in einem neuen Licht. „Ungerechtigkeit" ist dann nicht nur ein konkretes unmoralisches Verhalten, sondern im Kern eine *Verletzung der persönlichen Beziehung*; und als Sünde erscheint nicht vorrangig eine bestimmte Gebotsübertretung, sondern vielmehr die *Abwendung von der Gemeinschaft*.

Das eigentliche Vergehen liegt in der *Verfehlung der Bestimmung zur Gemeinschaft*, und die Sünde ist ihrem Wesen nach *Trennung von Gott*. Alles, was von Gott trennt, ist Sünde, denn es gefährdet die Gottesbeziehung und damit das Leben; und alles, was der Beziehung zu Gott, zum Nächsten und mir selbst schadet, wird in Geboten und Weisungen – d. h. im Gesetz – als Verfehlung bestimmt. Auf diesem Hintergrund wird deutlich erkennbar, dass es bei dem biblischen Verständnis von Gerechtigkeit keineswegs um einen primär *moralischen* oder einen ausschließlich *forensisch-juristischen* Begriff geht, sondern hinsichtlich der Gottesbeziehung um einen spezifisch *theologisch* gefüllten: Als Gerechtigkeit gilt das der *ganzheitlich-personalen Beziehung* entsprechende Verhalten – von Gott aus gegenüber den

Menschen und von Seiten der Menschen gegenüber Gott. Das konkrete Denken, Reden und Handeln wird als Ausdruck dieser Beziehung gewertet; es kann weder an die Stelle der Beziehung treten noch könnte das moralische Verhalten seinerseits die Beziehung konstituieren, d. h. begründen oder wiederherstellen.

6. Das Evangelium von der Rechtfertigung als Begnadigung

Auf dem Hintergrund dieser alttestamentlich-jüdischen Tradition erscheint die Frage nach dem Evangeliumsverständnis des Apostels im Römerbrief umso spannender: Wie ist die Offenbarung der Gerechtigkeit Gottes bei Paulus als „gute Botschaft" gedacht? – Bevor der Heidenapostel in Römer 3,21 mit der positiven Entfaltung seiner Grundthese von 1,16f beginnt, spricht er zunächst über die *Notwendigkeit* der Offenbarung der Gerechtigkeit Gottes (1,18-3,20). Im Hinblick auf die ganzheitlich-personale Beziehung, die dem Menschen von Gott zugedacht ist, und in Anbetracht des gefüllten Verständnisses von Gerechtigkeit, könnte kein Mensch – ob Jude oder Heide – aufgrund seines Denkens, Redens und Tuns vor Gottes Angesicht als gerecht erwiesen werden.

Der Ausgang eines *analytischen* Urteils durch Gott am Tag des Gerichts ist nicht offen, sondern bereits entschieden: „Denn wir haben zuvor Anklage erhoben, dass alle, Juden wie Griechen, unter der Sünde sind" (Röm 3,9). „... damit jeder Mund gestopft werde und die ganze Welt vor Gott schuldig sei" (3,19). „Denn alle haben sie gesündigt und entbehren der Herrlichkeit Gottes" (3,23). Wie ernst Paulus dieses radikale Ergebnis meint – das er bereits in der Schrift als Gesetz bezeugt sieht (3,9-20; vgl. Gal 3,22) –, wird daran deutlich, dass er in seinem Schriftbeweis in Römer 4 sogar Abraham und David in die Reihe der Gottlosen und auf Vergebung angewiesenen Sünder gestellt sieht, die infolge ihres gelebten Lebens keinesfalls vor Gott bestehen könnten.

Rechtfertigung im Sinne des endgültigen und verbindlichen Freispruchs zum Leben durch Gott kann es unter dieser Voraussetzung nicht aufgrund eines *analytischen* richterlichen Urteils – und somit nicht auf der Grundlage des Gesetzes – geben[31], sondern ausschließlich als *Begnadigung* der als schuldig Erwiesenen und zu Recht Verurteilten. So wie ein Schuldiger und rechtskräftig Verurteilter hinsichtlich seines gelebten Lebens auch von einem König oder Präsidenten nicht anders beurteilt werden, wohl aber durch sie *begnadigt* werden kann, so wird den an Christus Glaubenden im Evangelium zugesagt: „sie sind *geschenkweise* gerechtfertigt worden, d. h. sie haben *umsonst* den rettenden Freispruch empfangen, durch seine *Gnade* kraft der Erlösung, die in Christus Jesus [geschehen] ist" (Röm 3,24; eigene Übersetzung).

Gott als Richter rechtfertigt die unter dem *Gesetz* als schuldig Erwiesenen, indem er sie im *Evangelium* begnadigt und sie geschenkweise freispricht, ihnen wirksam zusagt: „Du bist frei!" Dieser Freispruch aber basiert eindeutig auf einem *synthetischen* Urteil Gottes: Die Rechtfertigung bewirkt selbst, was sie zuspricht; sie setzt die Gerechtigkeit und Freiheit des Menschen nicht voraus, sondern schafft sie erst durch das vollmächtige Wort. „Ich spreche dich gerecht und begnadige dich!", ist eine *performative* – die Handlung selbst vollziehende – Aussage. Die Freiheit des Verurteilten wird durch den, der die Autorität hat, Schuldige zu begnadigen, nicht *festgestellt*, sondern *hergestellt*. Die Kraft des Evangeliums und die Gewissheit der Rechtfertigung liegen damit freilich allein in der Autorität dessen begründet, der sie zuspricht, verantwortet und verwirklichen kann.

---

[31] Vgl. Gal 3,10-12 in Aufnahme von Lev 18,5 (vgl. Röm 10,5) und Dtn 27,26.

7. Die gute Nachricht von dem Geschenk der Gerechtigkeit Gottes

Was ist dann aber präzise unter der „Gerechtigkeit Gottes"[32] zu verstehen, die Paulus in Römer 1,16f als den zentralen Inhalt des von ihm bezeugten Evangeliums von Jesus Christus angibt? Ist dabei (1) an die Gerechtigkeit gedacht, die Gott *selbst* als *Eigenschaft* hat (*Genitivus subiectivus*, Genitiv des logischen Subjekts), oder ist (2) die Gerechtigkeit gemeint, die Gott *wirkt* und *schafft* (*Genitivus auctoris*, Genitiv des Urhebers), oder wird (3) mit Gerechtigkeit Gottes die Gerechtigkeit beschrieben, die der Mensch *vor* Gott, *im Angesicht* Gottes erweisen muss, um vor ihm im Gericht zu bestehen – gemäß der aus der Lutherbibel vertrauten Übersetzung: „die Gerechtigkeit, die *vor Gott gilt*" (*Genitivus obiectivus*, Genitiv des logischen Objekts)?

Um eine lange und komplizierte theologische Diskussion kurz zu machen: Gemäß dem Verständnis des Paulus bringen alle drei Aspekte Entscheidendes in den Blick:

(1) *Gott* selbst hat sich – im Unterschied zu Israel und der Welt – in Christus als seinen Menschen gegenüber treu und zuverlässig, und das heißt „gerecht", erwiesen; er hat sogar an seiner Erwählung und Berufung festgehalten, als die Israeliten sich – wie die Völker – nicht der von Gott eröffneten Beziehung entsprechend verhielten, sondern Gott gegenüber untreu und illoyal waren, als sie nicht „sein Volk" sein wollten und er nicht mehr als „ihr Gott" anerkannt wurde. Insofern ist es angemessen, davon zu sprechen, dass „Gerechtigkeit Gottes" (*Genitivus subiectivus*) *seine Eigenschaft* und *sein Verhalten* bezeichnet: Die Erlösung in Christus geschah „zum Erweis *seiner* Gerechtigkeit in der jetzigen Zeit, dass *er [selbst] gerecht ist* ..." (Röm 3,26; ELB).

(2) Wenn der Erweis der Gerechtigkeit Gottes darin besteht, dass er Schuldige begnadigt und Verurteilte freispricht („Gott ist es, der gerecht macht [und freispricht]", Röm 8,33) und dass er sogar den er-

---

[32] Vgl. Röm 1,17; 3,5.21f.25f; 10,3; 2Kor 5,21.

wiesenermaßen Gottlosen gerecht spricht („[Abraham] glaubte an den, der den *Gottlosen* gerecht macht", Röm 4,5), dann ist die Rede von der Gerechtigkeit Gottes als derjenigen, die er dem Menschen schafft und *für ihn* und *an seiner Stelle* bewirkt (*Genitivus auctoris*), nicht nur zutreffend, sondern der eigentlich überraschende und zentrale Aspekt des Evangeliums. Gott ist für seinen Teil gemeinschaftstreu und gerecht, und er macht zudem – und gerade als solcher – den gerecht, der sich seinerseits illoyal und ungerecht verhalten hat. Er erweist seine Gerechtigkeit also darin, „dass er selbst gerecht *ist* und den an Jesus Glaubenden gerecht *macht*" (3,26).

(3) Schließlich ist auch der Gedanke der Gerechtigkeit, die *vor* Gott im Endgericht gilt und *ihm gegenüber* bestehen kann – also der „Gerechtigkeit Gottes" im Sinne eines *objektiven* Genitivs – durchaus für die paulinische Darstellung der Rechtfertigung zutreffend, solange stets im Bewusstsein bleibt, dass nicht an die *menschliche* Gerechtigkeit – ob als Jude, als Heide oder auch als Christ (!) – gedacht ist, sondern an die dem Menschen in Christus von Gott *geschenkte* Gerechtigkeit (*iustitia Dei passiva*), die „Gerechtigkeit … durch den Glauben an Christus, die Gerechtigkeit aus Gott [auf der Grundlage] des Glaubens" (Phil 3,9; ELB)! Sie kommt dem Menschen in dem Sinne als eine „*fremde* Gerechtigkeit" – *iustitia aliena* – zugute, dass ihm die Gerechtigkeit *Christi* „zugerechnet", „zugesprochen" und „zugeeignet" wird (*iustitia imputativa*). Denn auch die Gerechtigkeit der an Christus gläubig Gewordenen besteht prinzipiell darin, dass Christus für sie von Gott „zur Gerechtigkeit gemacht worden ist" (1Kor 1,30), und er, der von keiner Sünde wusste, für uns und zu unseren Gunsten „zur Sünde wurde", damit wir durch ihn „zur Gerechtigkeit Gottes würden", d. h. zu Menschen, die in ihrem ganzen Sein durch Gottes Gerechtigkeit gekennzeichnet sind (2Kor 5,21).

Die Zuversicht der an Christus Gläubigen basiert also nicht etwa auf der Hoffnung, dass ihr eigenes Leben seit der Taufe bzw. seit ihrem Gläubigwerden im Endgericht nach den Maßstäben der umfassenden Liebe und der uneingeschränkten Beziehungstreue bestehen könnte. Vielmehr beruht sie allein auf der im Evangelium zugesprochenen

Gewissheit, dass Gott, der Vater, uns aufgrund seiner erwiesenen Liebe und grenzenlosen Treue – trotz aller berechtigten und unberechtigten Anklagen gegen uns! – endgültig begnadigen und freisprechen will (Röm 8,31-33). Und sie basiert auf der Zusage, dass Christus, der für uns Gestorbene und Auferstandene, der nun zur Rechten seines Vaters ist, trotz aller Verurteilungen hinsichtlich unseres gelebten Lebens für uns eintritt und Fürsprache für uns einlegt (8,34)! Vater und Sohn, Richter und Fürsprecher kommen in ihrem Urteil und Plädoyer überein. Bei gleichzeitiger Begnadigung durch den Vater und zusätzlicher Fürsprache durch den Sohn kann man im Sinne von Römer 8 davon sprechen, dass bei der Rechtfertigung in Christus *Gott sich selbst zuvorkommt*!

Nur unter dieser Voraussetzung wird verständlich, dass der Apostel von der endzeitlichen Rechtfertigung als einem *gegenwärtigen* Geschehen sprechen kann: „Nun wir denn *gerechtfertigt worden sind* aus Glauben, so *haben* wir Frieden mit Gott durch unseren Herrn Jesus Christus" (Röm 5,1; ELB). Stünde nach Paulus das endgültige Urteil Gottes über die Glaubenden noch aus und wäre von der Bewährung und dem eigenen Verhalten der Gläubigen noch abhängig, ob sie im Endgericht freigesprochen oder endgültig verurteilt werden, dann wären weder die *präsentischen* Aussagen über Rechtfertigung und Heilsempfang noch auch die Zeugnisse der *Heilsgewissheit*[33] nachvollziehbar. Nicht die eigene Gerechtigkeit der Gläubigen macht gewiss, dass fortan keine Macht und keine Größe mehr die Gerechtfertigten von Gott trennen können, sondern ausschließlich die im Evangelium erklärte Liebe und Treue Gottes[34], d. h. die „Gerechtigkeit *Gottes*".

Selbstverständlich darf die Rechtfertigung des Gottlosen nach Paulus nicht als Rechtfertigung der *Gottlosigkeit* missverstanden werden, und ohne Zweifel sind die aus Gnaden Gerechtfertigten zum Leben in der Gerechtigkeit gemäß der Weisung Christi und durch dessen Geist befähigt und berufen. Dennoch versteht der Apostel das *Gerechtsprechen Gottes* keineswegs im Sinne der gegen die Reformatoren vertretenen *iustificatio effectiva*, der sogenannten „wirksamen Gerechtma-

---

[33] Vgl. Röm 8,38f; 11,29; 14,4; 1Kor 1,8f; 10,13; Phil 1,6; 1Thess 5,24.
[34] Vgl. Röm 5,5-8; 8,35-39.

chung", die den Ungerechten zum faktisch ganz gerecht Lebenden machen soll, sodass dieser im Endgericht dann infolge seiner eigenen Werke als Gerechter anerkannt werden wird. Nicht erst für Martin Luther, sondern vor allem für Paulus selbst ist und bleibt es die Gerechtigkeit *Christi*, auf die sich die Hoffnung der Christen allein gründet.[35]

Zusammenfassend lässt sich also zum Verständnis der im Evangelium offenbarten „Gerechtigkeit Gottes" nach Paulus festhalten, dass die Gerechtigkeit sowohl als Gottes *Eigenschaft* im Blick ist wie auch als Gottes *Heilshandeln*, sowohl als Gottes rettende *Heilsmacht* als auch als Gottes *Heilsgabe* an den Menschen. Sie wird als geprägte Wendung bei Paulus gerade *nicht* für das gerechte Richten und Verurteilen gemäß der *iustitia distributiva* verwandt, sondern speziell für die „*heilbringende*" – d. h. freisprechende und begnadigende – Gerechtigkeit, die *iustitia Dei salutifera*. Wenn Paulus von dem Vollzug der Rechtfertigung und Gerechtmachung durch Gott spricht, meint er durchgängig die „Rechtfertigung des Gottlosen um Christi willen allein aus Gnade durch den Glauben" – also die *iustificatio impii propter Christum sola gratia per fidem* (Röm 3,24.26.28; 4,5; 5,1.9).

8. Die Kraft des Evangeliums oder: Was dem Gesetz unmöglich war

Kehren wir nun zu der Formulierung der Grundthese des Römerbriefes (1,16f) zurück, so werden die Charakterisierung des Gotteswortes als „guter Botschaft" und die fünffache Qualifikation des Evangeliums als „Kraft – Gottes – zum Heil – für jeden – Glaubenden" auf dem Hintergrund unserer Erkenntnisse zur „Gerechtigkeit Gottes" unmittelbar verständlich und nachvollziehbar:

---

[35] Vgl. wissenschaftlich Hans-Joachim Iwand, Rechtfertigungslehre und Christusglaube. Eine Untersuchung zur Systematik der Rechtfertigungslehre Luthers in ihren Anfängen, TB 14, München [3]1966; Otto Weber, Grundlagen der Dogmatik, Bd. II, Berlin [2]1969, S: 292ff; Eckstein, Gott ist es, der rechtfertigt, S. 41-48.

(1) Die *Kraft* des Evangeliums (vgl. 1Kor 1,18.24) gründet in der Autorität dessen, der darin spricht und der es offenbart hat, und bezieht sich zudem auf den Inhalt der „erfreulichen Nachricht": Sie bezeugt die *Heilsmacht* und *Heilssphäre* der Gerechtigkeit Gottes, die den Sünder zu erlösen und den Gottlosen zu einem Gerechten zu machen vermag (1Kor 2,4f; 1Thess 2,13). Dabei ist das Evangelium nicht lediglich als theoretische Mitteilung über Geschehenes, sondern als wirksamer *Zuspruch* und als wirkmächtiger *Freispruch* zu verstehen. So wie die erste Schöpfung durch Gottes Wort und sein „Es werde ...!" geschaffen wurde (Gen 1,3ff; Ps 33,6.9), so hat Gott auch durch sein Evangelium in den Herzen der Gläubigen Licht werden lassen, dass sie Gott im Angesicht Christi erkennen können (2Kor 4,6). Das Evangelium bewirkt bei seiner Verkündigung die Rettung im Glauben, von der es Kunde gibt (Röm 10,17; Gal 3,2.5).

(2) Diese im Evangelium wirkende Kraft – *dynamis* – hat ihren Ursprung und ihre bleibende Stärke allein *in Gott* (2Kor 4,7; 12,9; 13,4; Phil 4,13). Die Gerechtigkeit, von der das Evangelium spricht, ist ausschließlich *Gottes* Gerechtigkeit, die am Menschen wirksam ist und ihm zukommt, die aber keineswegs vom Menschen selbst hervorgebracht oder auch nur ohne Gott erhalten werden könnte. Das Evangelium spricht seinen Hörern Gottes Kraft und Wirken zu, es fordert nicht vom Menschen, dass er in seinem Reden und Tun nunmehr selbstständig und unabhängig von Christus „göttliche" Kraft hervorzubringen oder aufzuweisen hätte. Vielmehr wirkt die Heilsmacht der Gerechtigkeit Gottes gleich einem *Kraftfeld*, das den, der sich in ihrem Wirkungsbereich befindet, mit seiner Energie beeinflusst und bewegt.

(3) Nicht weniger entscheidend ist auch die dritte Bestimmung: Die Gerechtigkeit Gottes als Inhalt des Evangeliums wirkt ausschließlich *zum Heil* des Menschen – d. h. zu seiner Rettung, seiner Heilung und Bewahrung im Heil. Paulus kann selbstverständlich auch von Gottes *Richten* und *Verurteilen* sprechen, dann gebraucht er aber – wie im unmittelbaren Anschluss an unsere Stelle in Römer 1,18 – den Begriff

„*Zorn* Gottes"[36], mit dem er speziell Gottes Endgericht über alle menschliche Gottlosigkeit und Ungerechtigkeit bezeichnet. Gottes *Gerechtigkeit* aber erweist sich ausschließlich zum Heil! – Der sinngleiche Gebrauch von Gerechtigkeit und Heil geht ebenfalls auf spezifische alttestamentliche Traditionen zurück, die wir in Jesaja 40ff (Jes 46,12f; 51,5a.8; 56,1; 59,17; 61,10f; 62,1f) und vereinzelt in den Psalmen (71,15f; 98,2f) greifen können. Dort wird dem als schuldig und straffällig erwiesenen Volk von Gott verheißen: „Höret mir zu, die ihr verlorenen Herzens seid, die ihr ferne seid von der Gerechtigkeit! Ich habe nahe gebracht *meine Gerechtigkeit*, und *mein Heil* säumt nicht" (Jes 46,12; LXX). Oder: „Schnell naht *meine Gerechtigkeit*, und *mein Heil* wird hervortreten wie das Licht; und auf meinen Arm werden die Heiden hoffen ..." (Jes 51,5; LXX). Diese – in der „Schrift" als „Verheißung", nicht als „Gesetz" – angekündigte Offenbarung der Gerechtigkeit Gottes als rechtfertigendes und rettendes Heil erkennt Paulus in der Sendung Christi und der Gabe des Evangeliums nunmehr als verwirklicht. Er sieht sich selbst – gemäß Römer 10,9.16; 15,20f – offensichtlich als einen der Freudenboten, die nach Jesaja 52,7 gesandt sind, Frieden zu verkündigen, Gutes zu predigen, Heil zu verkündigen und den Antritt der Königsherrschaft des Herrn, d. h. Jesu Christi, des Gottessohnes, zu bekennen.[37]

(4) Die nächste Bestimmung: „für *jeden*", die durch die Ergänzung „den Juden zunächst *und auch den Griechen*" ausdrücklich präzisiert wird, mag uns als überwiegend „heidenchristlich" – d. h. „nicht-judenchristlich" – geprägte Kirche inzwischen als selbstverständlich erscheinen.[38] Dabei übersehen wir aber die grundsätzliche Bedeutung,

---

[36] Vgl. Röm 2,5.8; 3,5; 4,15; 5,9; 12,19; 1Thess 1,10; 2,16; 5,9; vgl. zum Ganzen wissenschaftlich Hans-Joachim Eckstein, „Denn Gottes Zorn wird vom Himmel her offenbar werden". Exegetische Erwägungen zu Römer 1,18; in: ders., Der aus Glauben Gerechte wird leben, S. 19-35.

[37] Wobei Paulus in der griechischen Übersetzung (der sog. Septuaginta [LXX]) von Jesaja 52,7 auch die für ihn zentrale Wendung der „Evangeliumsverkündigung", der Ansage der guten Botschaft, d. h. des endzeitlichen Heils, vorfindet (vgl. auch Jes 40,9; 60,6; 61,1; Nah 1,15 [2,1]).

[38] In unserer heutigen Situation wäre – mit Bezug auf Römer 11,11-16 – eher wieder an das „den Juden zuerst" zu erinnern, das Paulus nicht nur rhetorisch, sondern

die die universale Ausweitung des Evangeliums hat. Es wendet sich weder ausschließlich an eine bestimmte Volksgruppe noch an einzelne Stände und Gruppen noch auch ausschließlich an ein Geschlecht, sondern an *alle* Menschen – ohne Ansehen der Person. Dementsprechend gilt auch für die durch Christus Berufenen uneingeschränkt: „Es gibt nicht Juden noch Griechen, es gibt nicht Sklaven noch Freien, es gibt nicht Mann noch Frau. Ihr alle nämlich seid *einer* [– ihr bildet alle eine Einheit –] in Christus" (Gal 3,28).

Diese universale „Entschränkung" der Evangeliumsverkündigung war nicht nur für die damalige zeitgeschichtliche Auseinandersetzung – hinsichtlich der Aufnahme von Heiden in die von Judenchristen geprägte frühe Kirche – von größter Bedeutung. Sie repräsentiert und besiegelt die völlige *Voraussetzungslosigkeit* der Verkündigung des in Christus erschlossenen Heils. Es gibt keine *Vorbedingung*, die der Hörer des Evangeliums von sich aus zu erfüllen hätte, und es gibt keinerlei *Voraussetzung*, die er selbst mitbringen müsste, um die Heilszusage auf sich beziehen zu dürfen. Denn die Voraussetzungen und Vorbedingungen der Rechtfertigung vor Gott und der versöhnten Gemeinschaft mit ihm hat Gott jetzt seinerseits zugunsten seiner Menschen in der Sendung seines Sohnes erfüllt und verwirklicht: „Sie sind umsonst – d. h. geschenkweise – gerechtfertigt worden durch seine Gnade kraft der Erlösung, die in Christus Jesus [geschehen] ist" (Röm 3,24; eigene Übersetzung).

Im Evangelium wendet sich Gott den Menschen *bedingungslos* zu und nimmt sie – wie das Kreuzesgeschehen zeigt – *unbedingt* an. Denn in der Lebenshingabe Jesu für die Seinen ist nach Paulus der überwältigendste Ausdruck der vorbehaltlosen Liebe Gottes zu sehen: Christus gab sein Leben für uns hin, als wir – Heiden wie Juden (!) –

durchaus heilsgeschichtlich gefüllt versteht (Röm 1,17; 3,1f; 9,4f). Wie der Apostel in Römer 9-11 ausführlich entfalten wird, hat er im Hinblick auf das jetzt noch nicht an Christus glaubende Israel die begründete Hoffnung, dass ,ganz Israel' einmal – in Analogie zu ihm selbst vor Damaskus (11,1f) – *durch Christus*, den Retter, unmittelbar bei dessen Erscheinung von seinen Sünden erlöst werden wird (Röm 11,25ff). Das bedeutet, dass sich die „Gerechtigkeit Gottes" an Israel in besonderer Weise als bleibende Treue und heilvolle Zuwendung erweisen wird: „Denn Gottes Gaben und Berufung können ihn nicht gereuen" (11,29).

noch Unvermögende, Gottlose, Feinde Gottes und Sünder waren (Röm 5,6-8).[39] Die im Evangelium verkündigte Zuwendung Gottes macht sich nicht von menschlichen Werten, Voraussetzungen und Leistungen abhängig, sondern sie gilt dem Menschen als das, was er ist. Sie hat nicht nur seine Qualitäten, sondern ihn selbst im Blick. Gottes in Christus offenbarte Liebe kommt dem Menschen nicht zu, weil er sich als liebenswert und einmalig erweisen kann, sondern der Mensch erkennt seinen wahren Wert und seine unverwechselbare Bedeutsamkeit daran, dass er von Gott geliebt wird (Röm 5,8; 8,31f; Gal 2,20; vgl. Eph 2,4ff; 5,2.25b).

(5) Wenn auch Gottes Zuwendung zur Welt zweifellos voraussetzungslos ist und seine Liebe sich in Christus als vorbehaltlos erwiesen hat, so möchten manche einwenden, dass sie trotzdem nicht ganz *bedingungslos* sei. Bei aller Voraussetzungslosigkeit der Liebe und Berufung gibt es doch scheinbar eine Bedingung, an die die Rechtfertigung aus Gnaden geknüpft wird – nämlich den *Glauben*.[40] Das Evangelium ist „Gottes Kraft zum Heil für jeden *Glaubenden*" – bzw., wie auch übersetzt wird, „für jeden, *der glaubt*". Ist der Glaube nun die *eine* Bedingung, die der Mensch von sich aus und allein erfüllen muss, um das Geschenk der Begnadigung zu erhalten? Ist er der *eine* Schritt, den der Mensch ohne Gottes Hilfe auf Gott zugehen muss, nachdem ihm Gott in Christus 99 von 100 oder – reden wir groß von der Gnade – 999 von 1000 Schritten entgegengekommen ist?

Diese gedanklichen – wichtiger aber noch: seelsorgerlich bedeutsamen – Schwierigkeiten können nur aufkommen, wenn man den Glauben als eine menschliche Möglichkeit und Leistung missversteht.

[39] Um es mit der Begrifflichkeit der Sozialpsychologie zu sagen, spricht das Evangelium von einer „nicht konditionierten Annahme" und einer „unbedingten", d. h. „an keine Bedingungen geknüpften Zuwendung", die für ein gelingendes und ausgeglichenes Leben als Erfahrung grundlegend sind – so selten sie auch in zwischenmenschlichen Beziehungen wirklich erlebt werden. Vgl. im Einzelnen Eckstein, Glaube, der erwachsen wird, S. 19ff.

[40] Vgl. zum Ganzen Hans-Joachim Eckstein, Das Wesen des christlichen Glaubens. Nachdenken über das Glaubensverständnis bei Paulus, in: ders., Der aus Glauben Gerechte wird leben, S. 3-18; ders., Glaube und Erfahrung. Von der Realität des Geglaubten, Gemeindepreis für Theologie 17, Sexau 2008, S. 1-25.

Richtig gesehen wird bei der Betonung der *Notwendigkeit* des eigenen Glaubens, dass die Gemeinschaft mit Gott und das neue Leben in Christus im Neuen Testament durchgängig mit dem Glauben verbunden werden: Es gibt danach keine christliche Identität ohne Glauben! Zutreffend ist auch, dass es der *Mensch* ist, der glaubt, denn der „*Glauben*sbegriff" wird als solcher in unserer Sprache ja nicht in Hinsicht auf Gottes Haltung der Welt gegenüber gebraucht. Hingegen ist es unzutreffend, dass der „Glaube" bei Paulus als *menschliche* Möglichkeit oder als *vom Menschen selbst* zu erbringender Beitrag dargestellt wird. Wenn nämlich die von Gott geforderte und erfüllte Gerechtigkeit die *ganzheitlich-personale Beziehung* bedeutet und wenn die eigentliche, grundlegende Sünde die *Trennung* und *Unabhängigkeit von Gott* ist, wie sollte dann der Glaube vom Menschen selbst und ohne Gott zu leben und hervorzubringen sein? Wäre dann der erste Schritt des Glaubens nicht schon wieder ein Schritt in der Unabhängigkeit und also letztlich erneut in Ungerechtigkeit? Ob es heißt, dass der rettende Freispruch „auf der Grundlage des Glaubens"[41] empfangen wird, oder ob betont wird, dass das Heil „vermittels des Glaubens", „durch den Glauben"[42] erlangt wird – in jedem Fall versteht Paulus den Glauben nicht als *Voraussetzung* und *Vorbedingung,* die der Mensch von sich aus zu erfüllen hätte, um anschließend dafür das Heil zu erlangen. Vielmehr beschreibt er den Glauben als die *Art und Weise*, in der Gott dem Menschen schon gegenwärtig Anteil an seiner Gerechtigkeit gibt.

Der Mensch muss nicht zuerst glauben, damit Gott ihm infolgedessen das Leben schenkt, sondern indem der Mensch glaubt, hat er bereits das Leben. Der *Glaube selbst* ist schon Geschenk[43], denn er ist die gegenwärtige Gestalt der *Gottesbeziehung.* Der Glaube ist nach Paulus nicht die *conditio* (Bedingung), sondern der *modus* (die Art und Weise) des Heilsempfangs; die Gerechtigkeit wird dem Menschen nicht *„wegen* seines Glaubens" (*propter fidem*), sondern *„durch* den Glauben", „*in Gestalt* des Glaubens" (*per fidem*) zugeeignet. Nur

---

[41] Röm 1,17; 3,26.30; 5,1; 9,30; 10,6; Gal 2,16c; 3,8.11.(22.)24; 5,5.
[42] Röm 3,22.30; Gal 2,16a; Phil 3,9.
[43] Vgl. Röm 3,24; Phil 1,29; vgl. Eph 2,8.

unter diesen Voraussetzungen wird verständlich, warum das Evangelium selbst als die wirkmächtige Kraft Gottes zu verstehen ist (Röm 1,16; 1Kor 1,18.24) und schon das Zustandekommen des Glaubens auf das Wirksamwerden des Geistes und der Kraft Gottes zurückgeführt wird (1Kor 2,4f; 1Thess 2,13).

Wenn der Glaube aber die gegenwärtige Gestalt der von Gott geschenkten Beziehung und Gemeinschaft mit ihm selbst ist, dann bedeutet er mehr als nur ein „Für-wahr-Halten" und als „Anerkennung" bzw. „Gehorsam", ja, er ist noch mehr als menschliches „Vertrauen" und „Sich-Anvertrauen". In all dem *äußert* sich der Glaube, er geht aber nicht in diesen Ausdrucksformen auf. In der Tat soll der Mensch selbst – nicht nur *einen*, sondern *unzählige* – Schritte im Glauben machen, aber er braucht keinen einzigen Schritt *ohne* Christus zu gehen, schon gar nicht den ins Endgericht! Die auf der Basis des Glaubens gelebte Gottesbeziehung ist – wie jede Erfahrung echter Liebe – ausgesprochen *folgenreich*, sie bleibt aber durch ihren Geschenkcharakter für immer *voraussetzungslos* und *bedingungslos*. Am Evangelium orientiertes Denken, Reden und Handeln verstehen sich selbst als Folgerung, Ausdruck und Wirkung der *Gemeinschaft mit Gott in Christus* und empfangen in ihr ihre *Orientierung, Weisung* und *Befähigung*. Sie dürfen aber gerade deshalb niemals zur nachträglichen Bedingung für die Beziehung umgedeutet werden: „Denn die *Gerechtigkeit Gottes* wird in ihm – dem Evangelium – offenbart aus Glauben zum Glauben, d. h. ausschließlich im Glauben; wie geschrieben steht: „Der Gerechte wird aus Glauben leben"" (Röm 1,17). – „So gibt es nun keine Verdammnis für die, die in Christus Jesus sind. Denn das Gesetz des Geistes, der lebendig macht in Christus Jesus, hat dich frei gemacht von dem Gesetz der Sünde und des Todes. Denn was dem *Gesetz* unmöglich war, weil es durch das Fleisch geschwächt war, *das tat Gott* ..." (Röm 8,1-3).

9. Gottes erstes und sein letztes Wort
Abschließende Begriffsklärungen

Wenn statt des traditionellen Begriffspaares „Gesetz und Evangelium"
seit einigen Jahrzehnten zunehmend die Duale *Indikativ* und *Imperativ*" oder „*Zuspruch* und *Anspruch*" verwendet werden, ist sehr darauf
zu achten, dass sich hinter den Begriffen „Imperativ" und „Anspruch"
nicht wiederum das alte Missverständnis von „Gesetz" im Sinne der
„Gesetzlichkeit" und der „gesetzlichen" Überforderung des Menschen
verbirgt. Damit hätte man die Reihenfolge dann lediglich in „Evangelium und Gesetz" verkehrt, was die Probleme des Verstehens und des
Lebens keinesfalls vermindern, sondern um ein Vielfaches vermehren
würde! Das Evangelium spricht zwar auch *Imperative* aus (z. B. „Lasst
euch versöhnen mit Gott!", 2Kor 5,20), aber keine *Appelle*, die der
Mensch von sich aus und aus eigener Kraft umzusetzen hätte. Was
Gott im Evangelium spricht, das will er auch durch seinen Geist in den
Gläubigen tun; und was er in seinem Wort fordert, das bewirkt er auch
in Christus. In Ethik, Paränese oder Paraklese wird nicht dargestellt,
was der Mensch nun seinerseits und von sich aus zu seinem Heil beizutragen hätte, sondern anschaulich vor Augen gestellt, wie sich ein
Leben in der Gnade Jesu Christi, in der Liebe Gottes und in der Gemeinschaft des Heiligen Geistes konkret im Leben der Glaubenden
entfalten kann. Das „Gesetz Christi" und die „Tora" – d. h. die „Weisung" – des Evangeliums (Gal 6,2; 1Kor 9,20f)[44] beschreiben, was geschieht, wenn nicht mehr der Mensch an sich, sondern *Christus in ihm*
lebt (Gal 2,20). Das Evangelium ist gewiss zugleich – und gerade als
der überwältigende *Zuspruch* der Liebe – auch in sich selbst der
stärkste *Anspruch* an den Menschen; aber es spricht immer von dem,
was Gott durch Christus in den Glaubenden wirken will, nicht was
Gott von den Glaubenden an sich und getrennt von der Wirkung seines
Geistes erwartet – gemäß der Zusage von 1. Thessalonicher 5,24:
„Treu ist er, der euch ruft, er wird's auch tun!"[45]

---

[44] Zur konkreten Orientierung an der von Jesus Christus vorgelebten Hingabe und Annahme, die er in seiner Menschwerdung und Lebenshingabe am Kreuz aus Liebe erwiesen hat, vgl. Röm 14,15; 15,1-3.7; 1Kor 8,11; 2Kor 8,7-9; Phil 1,27–2,18.
[45] Vgl. Röm 6,1-11; 8,11f; 15,18; 1Kor 15,10; 2Kor 4,6; Gal 2,20; Phil 2,13.

Will man hingegen mit der Umkehr der traditionellen Reihenfolge zur Geltung bringen, dass nicht das *Gesetz* vom Sinai Gottes *erstes* Wort ist, sondern seine *Verheißung* und *Erwählung* seit Abraham (Gen 12,1ff), dann empfiehlt es sich eher, wie Paulus in Galater 3 und 4 und in Römer 4 von der dreigliedrigen Abfolge „Verheißung – Gesetz – Evangelium" auszugehen. Das Gesetz vom Sinai ist nach Paulus weder Gottes *erstes* noch sein *letztes* Wort. Vielmehr wurde es von Gott zur Verheißung „hinzugefügt" (Gal 3,19; vgl. Röm 5,20), um in der Zeit bis zum Kommen Christi die Menschen bei ihrer Sünde zu „behaften" (Gal 3,22ff; vgl. Röm 3,19f). Sie hatte von Anfang an weder den Auftrag, zu rechtfertigen noch das Vermögen, lebendig zu machen (Gal 3,21); denn beides steht allein dem Evangelium Christi zu, welches Abraham bereits im Modus der Verheißung – d. h. der rechtskräftigen und verbindlichen Zusage – im Voraus empfangen hat (Gal 3,8f.15ff; Röm 4,13ff). Die Reihenfolge und Rangordnung der Verfügungen Gottes sind aus der Sicht des Paulus somit weder „Gesetz und Evangelium" noch „Evangelium und Gesetz", sondern *„Evangelium* (in Gestalt der Verheißung) – *Gesetz – Evangelium".*[46] Das Wort der Anklage und des Gerichtes Gottes ist umgriffen von Gottes Wort des Segens und des gnädigen Freispruchs. Gottes erstes und sein letztes Wort ist die Zusage der endgültigen Erlösung in Christus allein auf der Grundlage des Glaubens.[47]

[46] Vgl. im Einzelnen, Eckstein, Verheißung und Gesetz, S. 94ff, S. 111ff, S. 171ff, S. 256.

[47] Eine einschneidende Veränderung der Beurteilung des Gesetzes im Galater- und im Römerbrief konnten wir nach all dem nicht erkennen, sosehr die Veranlassung der beiden Briefe und damit auch der Ton der Darstellung grundverschieden sind. Denn einerseits setzt Paulus auch in dem an konkreten Gemeindeproblemen orientierten Galaterbrief keinesfalls eine dämonische, sondern die göttliche Herkunft des Gesetzes voraus (vgl. Galater 3,19 mit den folgenden Erwägungen zur göttlichen Funktion des Gesetzes); und andererseits könnten die Aussagen zum Gesetz gar nicht kritischer sein als in dem der Selbstvorstellung gegenüber einer noch unbekannten Gemeinde dienenden Römerbrief – z. B. in Römer 5,20: „Das Gesetz aber ist dazwischen hineingekommen, damit die Sünde mächtiger würde", oder in Römer 7,13: „Die Sünde, damit sie als Sünde sichtbar werde, hat mir durch das Gute den Tod gebracht, damit die Sünde überaus sündig werde durchs Gebot."

Gesetz und Evangelium bei Martin Luther

Otto Imhof

1. Worum geht es Martin Luther beim Thema „Gesetz und Evangelium"?

Es geht zunächst um die Unterscheidung von Gesetz und Evangelium. Das ist Luthers Leidenschaft: Gesetz ist nicht Evangelium, Evangelium ist nicht Gesetz. Nur keine Vermischung! Luther wird nicht müde, die Notwendigkeit der Unterscheidung zwischen Gesetz und Evangelium zu betonen. Immer wieder hat er sich dazu geäußert:

1521: „Nahezu die gesamte Schrift und die Erkenntnis der ganzen Theologie hängt an der rechten Erkenntnis von Gesetz und Evangelium."[1]

1532: „Diese Unterscheidung ist die höchste Kunst in der Christenheit."[2]

1531: „Wer diese beiden recht zu unterscheiden weiß, soll Gott danken und wissen, dass er ein Theologe ist."[3]

1537: „Es gibt keine bessere Kunst, die rechte Lehre weiterzugeben und zu bewahren, als dass wir dieser Methode folgen, nämlich dass wir die christliche Lehre in zwei Teile teilen, eben in Gesetz und Evangelium. Dies sind die beiden Dinge, die uns im Wort Gottes vorgelegt werden, nämlich entweder Gottes Zorn oder Gottes Gnade, Sünde oder Gerechtigkeit, Tod oder Leben, Hölle oder Himmel."[4]

Gesetz und Evangelium müssen also unterschieden werden!

---

[1] WA 7, 502, S. 34f.
[2] WA 36, 9, S. 26ff.
[3] WA 40 I, 207, S. 3f.
[4] WA 39 I, 361, S. 1-6.

2. Was ist Gesetz? Was ist Evangelium?
Wie verhalten sie sich zueinander?

Gesetz ist das Wort Gottes, das dem Menschen die Sünde aufdeckt und ihm Gottes Zorn offenbart. Evangelium ist das Wort Gottes, das dem Menschen Vergebung zuspricht und ihm Gottes Gnade offenbart. Wohlgemerkt: Im Gesetz und im Evangelium redet und handelt Gott. Gesetz und Evangelium sind Wort Gottes. Wilfried Joest weist darauf hin, dass „dieses durch den Gegensatz der beiden Urteile geschehende Handeln Gottes mit dem Menschen" von Luther in das biblische Wort aus 1. Samuel 2,6 gefasst wurde: „Gott tötet und macht lebendig, er führt in die Hölle und wieder heraus."[5] Indem das Gesetz den Menschen schuldig spricht, tötet es. Indem das Evangelium den Schuldigen freispricht, macht es lebendig.

Auch Otto Weber, der manche kritische Anfrage an Luthers Entwurf in der Frage nach Gesetz und Evangelium richtet, konstatiert, dass beide – Gesetz und Evangelium – „Anrede Gottes an den Menschen sind, das Gesetz ist die gebietende, fordernde, den Menschen überführende Anrede, das Evangelium die tröstende und aufrichtende"[6]. Gerade *in* diesem Gegensatz gehören Gesetz und Evangelium zusammen: Der Freispruch des Evangeliums setzt den Schuldspruch des Gesetzes voraus. Gleichzeitig besteht ein „Gefälle" zwischen diesen beiden Redeweisen Gottes. Das Gesetz ist nach Luther Gottes fremdes Werk (*opus alienum*). Dieses Werk Gottes hat seinen Zweck aber nicht in sich selbst, sondern Gott tut dieses fremde Werk, weil er durch das Evangelium sein eigenes (*opus proprium*) tun will. In Anlehnung an 1. Samuel 2,6 wäre also zu formulieren: Gott tötet, weil er lebendig machen will, er führt in die Hölle, weil er herausführen will. Gott begegnet dem Menschen im Gesetz als der verborgene Gott (*deus absconditus*), um ihm im Evangelium als der offenbare Gott (*deus revelatus*) zu begegnen. Deshalb also ist für Luther so wichtig,

---

[5] Wilfried Joest, Dogmatik, Band 2, Göttingen ²1990, S. 492.
[6] Otto Weber, Grundlagen der Dogmatik, Band 2, Neukirchen ⁵1977, S. 411.

dass Gesetz und Evangelium „unvermischt" und „unverwandelt" und ebenso „ungetrennt" und „ungeteilt" – als Gottes Anrede eben – gepredigt werden.

3. Wo und wie begegnet uns Gottes Wort als Gesetz und Evangelium?

Gelegentlich stellt Luther Mose und Christus gegenüber. Das ist dann allerdings eine „verkürzte Redeweise". Luther setzt nämlich keineswegs das Gesetz mit dem Alten Testament und das Evangelium mit dem Neuen Testament gleich. Im Alten Testament spricht sich zwar vor allem der fordernde Wille Gottes aus, aber es finden sich auch viele ermutigende Verheißungen. Im Neuen Testament hören wir zwar vor allem die Botschaft, dass Gott sich in Jesus Christus seiner Welt und seinen Menschen zuwendet, aber wir vernehmen hier auch den Anspruch Gottes auf das ganze Leben eines Menschen. Nach Martin Luther haben nicht *wir* das Wort Gottes in Gesetz und Evangelium aufzuteilen, sondern die Unterscheidung zwischen Gesetz und Evangelium bezieht sich vielmehr auf die Wirkung des Wortes Gottes. Wir haben in Kenntnis der Unterscheidung von Gesetz und Evangelium Gottes Wort zu verkündigen. Darin aber sind Gesetz und Evangelium immer miteinander verbunden. Nach Wilfried Joest sind „für Luther Gesetz und Evangelium die beiden stets aktuellen auch und gerade für das Christenleben bestimmenden Weisen, wie Gott uns sein Wort begegnen lässt"[7].

Luther nennt die richtende Wirkung des Gesetzes den *usus theologicus* oder den *usus spiritualis*. Er meint damit, dass Gott das Gesetz zur Aufdeckung der Sünde und zur Überführung des Sünders gebraucht (in der altprotestantischen Theologie *usus elenchticus* genannt). Luther sieht im *usus theologicus* den „vornehmsten Brauch" des Gesetzes. Daneben spricht er von einem *usus civilis* oder *usus po-*

---

[7] Joest, Dogmatik, S. 494.

liticus: Gott gebraucht sein Gesetz zur Wahrung der Rechtsordnung sowie zur Herstellung und Erhaltung äußeren Friedens. Es geht dabei um die Ermöglichung gemeinsamen Lebens in dieser Welt trotz der Sünde. In der christlichen Verkündigung ist die weltliche Obrigkeit an ihren von Gott gegebenen Auftrag zu erinnern.

Die altlutherische Theologie spricht – über Luther hinausgehend – von einem dritten Gebrauch des Gesetzes: *usus didacticus, usus in renatis* oder *tertius usus legis.* Wenn auch dieser dritte Gebrauch des Gesetzes bei Martin Luther nicht vorkommt, so weiß Luther doch sehr wohl um die Bedeutung etwa der Auslegung der Gebote für das Leben der Christen. Der Begriff „Gesetz" bleibt für ihn aber bezogen auf Gottes zürnendes und richtendes Handeln.

Der Christ kann in dieser Welt niemals in eine Situation „jenseits von Gesetz und Evangelium" gelangen. Das Gesetz klagt an, das Evangelium spricht frei. Immer wieder treibt das Gesetz zu Christus. Dies ist nun auch wesentlich für eine bestimmte Seite des Glaubensverständnisses von Martin Luther: Glaube ist für ihn ständige Fluchtbewegung, Flucht vor dem *deus absconditus* zu dem *deus revelatus,* von dem im Gesetz anklagenden zu dem im Evangelium freisprechenden Gott.

Wo und wie begegnet uns Gottes Wort als Gesetz und Evangelium? „So ist Christus das Wort Gottes, in dem Gesetz und Evangelium zusammentreffen. In seinem Kreuz ist beides vereint: das Todesurteil über die Sünde, das hier vollstreckt ist, und die Annahme des Sünders, von dem das Todesurteil weggenommen ist. ... Von dem Gesetz, das uns auch und erst recht durch das Gebot Christi trifft, gilt es zu dem für uns gekreuzigten Christus zu fliehen."[8]

---

[8] Joest, Dogmatik, S. 493.

4. Woher kommt die Leidenschaft beim Thema „Gesetz und Evangelium" und wohin führt sie?

Martin Luther geht es bei der Unterscheidung von Gesetz und Evangelium um die Unterscheidung zwischen diesen beiden Weisen göttlichen Redens. Das Gesetz ist nicht Evangelium, das Evangelium ist nicht Gesetz. Woher kommt nun Luthers Leidenschaft für diese Unterscheidung? Warum die Schärfe, vielleicht sogar Engführung? Sie ist zurückzuführen auf die Rechtfertigung „allein durch Christus, allein durch die Gnade, allein durch den Glauben." Es geht Martin Luther um die „Reinheit" des Evangeliums, um das Evangelium ohne gesetzliche Beimischung. Das Evangelium allein spricht frei.

Die Folgen der leidenschaftlichen Unterscheidung zwischen Gesetz und Evangelium zeigen sich in Luthers Seelsorge. Ein Beispiel ist sein Brief an Georg Spenlein aus dem Jahre 1516:

„Im Übrigen möchte ich gerne wissen, wie es mit deiner Seele bestellt ist. Bist du endlich deiner eigenen Gerechtigkeit überdrüssig und lernst auf Christi Gerechtigkeit trauen und aus ihr neues Leben schöpfen? Wie ein jähes Fieber fällt ja die Versuchung zur Vermessenheit in unseren Tagen gar viele an, besonders solche, die mit Eifer nach Gerechtigkeit und Frieden streben. Aber da sie nichts wissen von Gottes Gerechtigkeit, die in Christus uns reichlich und gnädig geschenkt wird, suchen sie aus sich selbst so lange Gutes zu wirken, bis sie die frohe Zuversicht erlangt hätten, vor Gott bestehen zu können, mit Tugend und Verdienst geschmückt. Dies aber ist unmöglich zu erreichen. ... Darum, mein lieber Bruder, lerne Christum, und zwar den gekreuzigten. Ihm lerne lobsingen und an dir selbst verzweifeln. ... Nur in ihm, durch getroste Verzweiflung an dir und deinen Werken, wirst du Frieden finden."[9]

---

[9] Zitiert nach Eduard Thurneysen, Die Lehre von der Seelsorge, Zürich 1946, S. 141f.

Eduard Thurneysen nennt diesen Brief Martin Luthers einen der „gewaltigsten Seelsorgebriefe, die je geschrieben wurden"[10]. Diese Seelsorge gründet in der konsequenten Unterscheidung zwischen Gesetz und Evangelium. Wir sehen: Es ist eine tröstliche Unterscheidung.

[10] Thurneysen, Seelsorge, S. 142.

Gesetz und Evangelium bei Johannes Calvin

Michael Schröder

1. Einführung

Ende des 16. Jahrhunderts meldet ein Bauer seinem lutherischen Pfarrer, dass des Nachts eine Hexe um sein Haus geflogen sei. Auf die Rückfrage, ob er diese denn auch ein wenig näher beschreiben könne, antwortet er, die Hexe habe eine deutliche Ähnlichkeit mit Johannes Calvin gehabt.[1]

Johannes Calvin – geradezu ein, wenn nicht sogar *der* reformatorische Antipode zu Martin Luther, das lässt sich beileibe nicht nur in der Volksfrömmigkeit nachweisen. Auch die (lutherischen) Gelehrten hielten ihn nicht selten für einen Feind, um nicht zu sagen für einen Handlanger des Widersachers. Dass ein solches Urteil genauso seitens der Anhänger Calvins über Luther anzutreffen ist, sei hier nur am Rande erwähnt. Es liegt nicht selten an der Fragestellung des Verhältnisses von Gesetz und Evangelium, dass Calvin in einem klaren Gegensatz zu Luther verstanden wird. Ist es nicht Calvin, der den dreifachen Gebrauch des Gesetzes als Erster so postuliert und vertreten hat und der gerade dem dritten Gebrauch eine entscheidende Rolle zumaß? Und doch, die Frage muss erlaubt sein: Ist es berechtigt, eine solche Gegnerschaft zu behaupten? Liegen die beiden Verständnisse wirklich so weit auseinander? Dass es deutliche Differenzen gegeben hat, kann nicht bestritten werden, aber worin liegen sie begründet?

---

[1] Dieses und ein weiteres Beispiel sind zu finden in: Herman Selderhuis (Hrsg.), Calvin Handbuch, Tübingen 2008, S. 2.

2. Biografische Notizen

Inzwischen hat die Erkenntnis an Raum gewonnen, dass theologische Positionen und Erkenntnisse immer auch mit der Biografie desjenigen zu tun haben, der diese vertritt, oder anders ausgedrückt: Theologie und Biografie hängen eng, manchmal aufs Engste, zusammen. Gerade das Beispiel Martin Luthers hält uns das eindrücklich vor Augen und wird in der Literatur auch immer wieder beschrieben.[2] Wie dieser die Verhältnisbestimmung von Gesetz und Evangelium vornimmt, hängt mit seinem Erleben zusammen, dass er beinahe an der mittelalterlichen Bußfrömmigkeit zerbrochen wäre.

2.1 Zum Leben von Johannes Calvin

Das Leben von Calvin ist hingegen in ganz anderen Bahnen verlaufen. Als Sohn eines bischöflichen Sekretärs geboren[3], konnte er die Pfründe, die der Familie zur Verfügung standen, für sein Studium nutzen, welches er bereits in jungen Jahren aufnahm.

Prägend war die Zeit im Collège Montaigu. Dort wurde er im Geist des Nominalismus unterrichtet. Ab 1527/28 nahm er das Studium der Rechte auf und wurde zum Jurist ausgebildet. Nach dem Tod des Vaters 1531 kam er nach Paris zurück und widmete sich dann am Collège Royal humanistischen Studien. Die alten Sprachen, die lateinischen Klassiker und auch die Patristik hatten es ihm besonders angetan. So ist sein erstes literarisches Werk ein Kommentar zu Senecas Schrift „De Clementia" (1532 veröffentlicht). In dieser Zeit muss es dann – vermutlich auch durch die Lektüre von Schriften Luthers

---

[2] Es sei auf die beiden wichtigen Biografien von Martin Brecht und Volker Leppin verwiesen, die dieses enge Verhältnis von Biografie und Theologie sehr gut beschreiben; Martin Brecht, Martin Luther, Band 1: Sein Weg zur Reformation 1483-1521, Stuttgart 1981; Volker Leppin, Martin Luther (GMR), Darmstadt 2006.

[3] Sein eigentlicher Name lautete Jean Cauvin, geboren am 10.07.1509 in Noyon gestorben am 27.05.1564 in Genf.

und Melanchthons – zu einer umfassenden Lebenswende gekommen sein; über die näheren Umstände rätselt man noch heute, da Calvin diese Veränderung nur mit den Worten „subita conversio" beschrieben hat. Je nachdem, ob man „subita" mit „plötzlich" oder mit „unerwartet" wiedergibt, ergeben sich bereits unterschiedliche Interpretationsansätze.[4] Ein existentielles Ringen oder gar eine tiefe Krise wie bei Luther lassen sich nicht ausmachen. Die grundlegenden reformatorischen Einsichten wurden ihm durch die Lektüre von Schriften vermittelt. Aus seinem weiteren Wirken ist an dieser Stelle nur so viel zu betonen, dass er sowohl in Straßburg als auch in Genf versuchte, die Reformation durch geeignete gesellschaftliche Reformen bzw. durch eine geeignete Gesetzgebung in feste Bahnen zu lenken. Durch eine intensive Betonung der Kirchenzucht sollte nicht nur die reine Lehre, sondern auch das sittliche Leben der Bürger überwacht werden; Kirche und Gesellschaft wurden hier als „corpus christianum" verstanden. Dieses Handeln steht sicherlich dann wieder in einem engen Zusammenhang mit seinem Gesetzesverständnis.

---

[4] Häufig wird die „Bekehrung" Calvins für die Zeit vor der sogenannten Rektoratsrede von Nikolas Cop angenommen, die an Allerheiligen 1533 gehalten wurde. Man ist sich in der Forschung heute weitgehend einig, dass diese Rede zumindest in Teilen auf Calvin zurückgeht. Hans Scholl kommt zu der Feststellung: „Die Wahrscheinlichkeit, daß Calvin der Verfasser der Cop-Rede ist, muß auch heute noch als sehr hoch veranschlagt werden. Dennoch kann man die Frage immer noch nicht mit letzter Sicherheit entscheiden." (Calvin Studienausgabe, Band 1.1: Reformatorische Anfänge 1533-1541, Neukirchen-Vluyn 1994). In der RGG ist zu dieser Fragestellung zu lesen: „Die Annahme scheint begründet, daß Calvins Bekehrung zwischen der Veröffentlichung des Seneca Kommentars und Cops Ansprache geschah." (RGG[4], Band 2, Sp. 17). Immer noch grundlegend zu dieser Fragestellung ist die 1960 posthum erschienene Untersuchung von Paul Sprenger, der zu einem anderen Ergebnis kommt; Paul Sprenger, Das Rätsel um die Bekehrung Calvins (BGLRK 11), Neukichen-Vluyn 1960. Das Ergebnis dieser Arbeit wird ausdrücklich von Wilhelm Neuser gewürdigt, in: Calvin Handbuch, S. 25f. Mit Sprenger folgert Neuser, dass man zwischen einer „subita conversio ad docilitatem (plötzlich Bekehrung zur Gelehrsamkeit) und einer „subita conversio ad fidem (plötzliche Bekehrung zum Glauben) unterscheiden müsse.

2.2 Die unterschiedliche Situation der Reformatoren

Otto Weber macht meines Erachtens (im Zusammenhang seiner Darstellung von Rechtfertigung und Heiligung) zu Recht darauf aufmerksam, dass eine unterschiedliche Redeweise (bzw. Aussageweise) der Reformatoren auch mit den unterschiedlichen Frontstellungen zu tun haben, in die sie hineingestellt waren. So konstatiert er, dass Luther und die Seinen es vor allem mit sogenannten „nomistischen Gegnern" zu tun hatten, während sich Calvin „im Westen" vor allem mit Libertinisten auseinanderzusetzen hatte.[5] Diese unterschiedliche Frontstellung habe dann auch bewirkt, dass sie ihre – manchmal auch von beiden geteilten Erkenntnisse – unterschiedlich akzentuiert und auf die jeweilige Situation zugespitzt hätten. Es gilt, diesen Hinweis ernst zu nehmen und die zeitgeschichtlichen Bezüge in der Theologie der Reformatoren zu berücksichtigen.

3. Calvins Rede von „Gesetz und Evangelium"

3.1 Kurzer Überblick

„Als ein eigenständiges Thema hat Calvin das Discrimen legis et Evangelii kaum fixiert, so wird auch in den Darstellungen seiner Theologie zumeist wohl dem Gesetz ein Kapitel zuerkannt, nicht jedoch dem Evangelium; an dessen Stelle tritt das Mittleramt Jesu Christi …".[6]

Dieses Urteil von Albrecht Peters bestätigt sich, wenn man auf die wichtigsten deutschsprachigen Veröffentlichungen zu diesem Thema schaut. In dem 2008 erschienenen Calvin Handbuch wird das Thema „Gesetz" bzw. „Gesetz und Evangelium" sowohl in den Paragraphen

---

[5] Otto Weber, Grundlagen der Dogmatik, Band 2, S. 358.
[6] Albrecht Peters, Gesetz und Evangelium (HST Band 2), Gütersloh 1981, S. 83.

„Schriftverständnis" als auch „Ethik und Kirchenzucht" behandelt.[7] Einige Jahre zuvor ging Wilhelm Neuser dieser Fragestellung unter den Themen „Der barmherzige und der zornige Gott" bzw. „Der Mensch als Sünder und Gerechte" nach.[8] Allein diese beiden Veröffentlichungen zeigen, dass es offensichtlich nicht ganz einfach ist, das Thema „Gesetz und Evangelium" bei Calvin einem bestimmten dogmatischen Topos zuzuordnen.

3.2 Der dreifache Gebrauch des Gesetzes

Bereits in der ersten Ausgabe seiner *Institutio* geht Calvin von dem dreigliedrigen Amt des Gesetzes aus. Dabei ist zu berücksichtigen, dass der Aufbau der ersten Ausgabe der Institutio sich eng an Luthers Katechismus anlehnt; eine ausgeführte Dogmatik hatte Calvin zu diesem Zeitpunkt noch nicht im Blick. Das ist für mich ein Hinweis darauf, dass er sich mit seinen Ausführungen nicht im Gegensatz zum Wittenberger Reformator begriff. Zeit seines Lebens hat er immer wieder auf die Übereinstimmungen hingewiesen. Die Unterschiede, die er nicht verharmlost hat, hat er aber offenbar nicht als grundsätzliche Unterschiede in der Lehre begriffen.

Zum anderen ist zu beachten, dass die Redeweise von einem dreifachen Gebrauch des Gesetzes auf Melanchthon zurückgeht, der dieses zum ersten Mal ein Jahr früher so formuliert hat. Nach allgemeiner Auffassung nimmt Calvin dieses zustimmend auf, ohne dass er damit auch allen Argumente Melanchthons zustimmen würde. Ich halte es dennoch für wichtig festzuhalten, dass dieses Verständnis nicht etwas ist, was allein Calvin zuzuschreiben ist. Auch Melanchthon konnte in diesem Sinne schreiben, ohne dass damit ein unüberbrückbarer Graben zwischen seiner Meinung und der Luthers zu konstatieren ist. In

---

[7] Herman Selderhuis (Hrsg.), Calvin Handbuch, Tübingen 2008, S. 231-240 (Peter Opitz, Schrift), sowie S. 326-338 (Guenther H. Haas, Ethik und Kirchenzucht).

[8] Wilhelm Neuser, Von Zwingli und Calvin bis zur Synode von Westminster; in: Handbuch der Dogmen- und Theologiegeschichte, Band 2, S. 245-247 sowie S. 250-253.

der Tat konnte Melanchthon auf einige Äußerungen Luthers zurückgreifen, die erkennen lassen, dass er sich auch einen „positiven" Sinn des Gesetzes vorstellen konnte. Albrecht Peters spricht in seiner Untersuchung davon, dass Luther einen „kindgemäßen Gebrauch der Gebote und Zeremonien"[9] kannte, wobei auch er feststellt, dass Luther (nicht nur an dieser Stelle) eine unscharfe Terminologie hatte.[10]

3.2.1 Der usus elenchticus / theologicus

„Die erste Anwendung des Gesetzes besteht darin, daß es uns Gottes Gerechtigkeit anzeigt, also was vor Gott wohlgefällig ist, und auf diese Weise jeden einzelnen an seine Ungerechtigkeit erinnert ...".[11]

Dieses Verständnis deckt sich weitgehend mit dem Martin Luthers. Das Gesetz deckt die Schuld des Menschen auf. In diesem Lichte muss er erkennen, dass er nicht in der Lage ist, etwas zu seiner eigenen Gerechtigkeit beizutragen; alles Vertrauen auf eine eigene Stärke muss vor Gott und seinem Gesetz zerbrechen. Calvin gebraucht an dieser Stelle das Bild des Spiegels, der dem Menschen vorgehalten wird und in dem er seine Sündhaftigkeit erblickt. Wer in diesen Spiegel blickt, der erkennt, wie sehr sein Leben unter dem Todesurteil Gottes steht; hier gibt es kein Entrinnen. Zugleich wird aber auch das Heilshandeln Gottes in Jesus Christus klarer und deutlicher, indem

---

[9] Peters, Gesetz und Evangelium, S. 40.
[10] Peters, Gesetz und Evangelium, S. 57: „Für eine adäquate Interpretation seiner Unterscheidung zwischen Gesetz und Evangelium dürfte es wichtig werden, daß wir nicht allein auf den fraglos zentralen Usus theologicus oder elenchticus legis starren, sondern zugleich sein Drängen auf das neue Leben durchdenken und hierzu die ‚Übung' des Glaubens in den Werken entfalten. Die endzeitliche Orientierung umgreift beides und hält es zusammen. Luthers Terminologie bleibt freilich an diesem Punkt, wie so oft, unscharf ..."
[11] Inst II,7,6 zitiert nach: Johannes Calvin, Unterricht in der christlichen Religion – Institutio Christianae Religionis, nach der letzten Ausgabe übersetzt und bearbeitet von Otto Weber, Neukirchen-Vluyn [4]1986 (1955). Alle weiteren Zitate aus der Institutio sind dieser Ausgabe entnommen.

das Urteil nicht vollzogen wird, wenn sich der Schuldige in seiner Not und im Glauben an Gott wendet. Obwohl Calvin ausdrücklich diesen Gebrauch als „theologischen Gebrauch" würdigt, möchte er ihn aber nicht auf die beschränkt wissen, die an Gott glauben. Das Gesetz vollbringt dieses erste Amt auch an den Gottlosen. Die französische Übersetzung fügte an dieser Stelle noch hinzu: „Obwohl dieser Nutzen des Gesetzes, von dem wir gesprochen haben, im eigentlichen Sinn die Gläubigen betrifft."[12] Mit logischen Argumenten folgert Calvin dann später, dass diese Gottlosen bei dieser Erkenntnis zu einer „gesetzlichen Buße" kommen, das heißt sie erkennen in Gott nur den rächenden und richtenden Gott, und über dieser Erkenntnis gingen bzw. gehen sie dann zugrunde. Mitten im Leben werden sie gewissermaßen in den Vorhof der Hölle geworfen.[13]

3.2.2 Der usus politicus / usus legis civilis

„Das zweite Amt des Gesetzes besteht darin, daß Menschen, die nur gezwungen um Gerechtigkeit und Rechtschaffenheit sich kümmern, beim Hören der harten Drohungen in ihm schließlich wenigstens durch die Furcht vor der Strafe im Zaum gehalten werden."[14]

Mit diesen Worten leitet Calvin seine Ausführungen ein. Das Gesetz ist dafür da, dass die Begierden der Menschen im Zaum gehalten werden; die öffentliche Ordnung gilt es zu schützen. Da die Menschen nicht freiwillig Gutes zum Gelingen einer Gemeinschaft beitragen,

---

[12] Inst II,7,9 mit dem entsprechenden Hinweis auf die französische Fassung bei Otto Weber in seiner Ausgabe der Institutio, a.a.O., S. 211, Anmerkung 1.

[13] Inst III,3,4. Vergleiche hierzu auch Peters, Gesetz und Evangelium, S. 91. Er verweist auch auf Luther, der sich dieser Logik verschlossen hatte und stattdessen betonte, wie sich hier das Evangelium diesem Gesetz geradezu entgegenstemmen muss; Peters, Gesetz und Evangelium, S. 44f bzw. 91, Anmerkung 42 mit den Hinweisen auf die entsprechenden Ausführungen bei Luther.

[14] Inst II,7,10

müssen sie durch Androhung von Gewalt im Zaum gehalten werden. Dieses Gesetzesverständnis betrifft in erster Linie aber die Unbekehrten. Für die Kinder Gottes hat es vor allem dann seinen Sinn, wenn dadurch diejenigen vorbereitet werden, die noch nicht berufen sind. Es hat also einen starken pädagogischen Charakter für die, die zum Heil vorherbestimmt sind, bei denen aber dieses noch nicht offenbar geworden ist. So können sie sich schon an das Joch der Gerechtigkeit gewöhnen und bleiben vor vielem Argen bewahrt. Offenbar ist an solche gedacht, die als Kinder getauft worden sind, die „der überführende Ruf des Gottesgeistes aber noch nicht erreicht hat."[15]

Hier zeigt sich, dass auch der zweite Gebrauch des Gesetzes nicht allein negativ gesehen werden soll. In einer späteren Auflage der Institutio versteht Calvin diese ersten beiden Gebräuche des Gesetzes so, dass sie ein Zuchtmeister auf Christus hin sind; sie haben also die Aufgabe, Menschen, die zum Heil bestimmt sind, zur Demut zu führen und vor einem Leben in der Selbstgerechtigkeit zu bewahren. Gesetz steht hier nicht in einem schroffen Gegensatz zum Evangelium (bzw. ist davon nur „ein geringer Teil betroffen"), es weist vielmehr auf Christus hin.

3.2.3 Der tertius usus legis (usus in renatis)

> „Die dritte Anwendung des Gesetzes ist nun die wichtigste und bezieht sich näher auf seinen eigentlichen Zweck: Sie geschieht an den Gläubigen, in deren Herz Gottes Geist bereits zu Wirkung und Herrschaft gelangt ist."[16]

Nicht umsonst nehmen die Ausführungen einen breiten Raum ein, will Calvin doch zeigen, wie die Gläubigen auf dem Weg der Gerechtigkeit unterwiesen und angeleitet werden. Um diese Funktion des Gesetzes herauszuheben, unterscheidet er sehr deutlich: Auf der einen Seite hat das Gesetz die Aufgabe, das Gewissen zu fordern und dann

---

[15] Peters, Gesetz und Evangelium, S. 91.
[16] Inst II,7,12

auch ein Urteil zu sprechen; so erschrickt es die Menschen (das berührt sich wieder stark mit dem ersten Gebrauch des Gesetzes); es hat eine Urteilsfunktion! Da aber die Glaubenden mit Christus verbunden sind und da er die Schuld und die daraus resultierende Strafe auf sich genommen hat, trifft das Urteil die Glaubenden nicht mehr; insofern trifft das zu, was Paulus in Galater 3,10 schreibt: „Die mit des Gesetzes Werken umgehen, sind unter dem Fluch ...".[17] Für die aber, die an Christus glauben, hat das Gesetz nun eine ganz andere Funktion; darin offenbart sich der Wille Gottes für die Menschen seines Volkes. Sie sollen die Christen auf dem Weg der Nachfolge unterweisen. Diese Unterscheidung ist für Calvin grundlegend; er beruft sich in seiner exegetischen Arbeit auf die paränetischen Texte des Neuen Testaments, und vor allem ist für ihn Matthäus 5,17 von besonderer Bedeutung. Hier erkennt er die bleibende Bedeutung des Gesetzes, das sei von Jesus noch einmal ausdrücklich bestätigt worden.

Es ist an dieser Stelle auch auf seine Deutung des Dekaloges zu verweisen. Er versteht ihn vor allem so, dass Gott den Menschen ganz in „Beschlag" nehmen möchte. Es geht nicht um einen äußeren Gehorsam, sondern um die rechte Herzensfrömmigkeit (hier gibt es auch wiederum viele Parallelen zu Luthers Deutung des Dekaloges!). Nun gibt sich Calvin aber nicht damit zufrieden, die geistliche Dimension des Gesetzes herauszuarbeiten; es gibt für ihn auch eine „straff fixierte Außenseite"[18] des Gesetzes, man könnte es auch die Konkretisierung nennen. Er stellt sich – nicht nur theoretisch, sondern später auch bei der konkreten Durchführung der Reformation in Straßburg und Genf – die Frage, wie dieses Gesetz im Alltag Gestalt gewinnen könne.

Bei der Frage nach dem dritten Gebrauch des Gesetzes kommt er auch im Blick auf das Alte Testament zu einer wichtigen Klärung. Er greift nicht nur den Dekalog auf, um die bleibende Bedeutung des Gesetzes zu illustrieren; er unterscheidet ja bei der alttestamentlichen Gesetzgebung zwischen Bedeutung und Vollzug. Nur letzterer sei aufgehoben, die Bedeutung dieses Gesetzes bleibe aber bestehen. An die-

---

[17] Inst II,7,15
[18] So die Formulierung bei: Albrecht Peters, Gesetz und Evangelium, S. 97.

ser Stelle wird deutlich, wie Calvin nicht nur in der „Kategorie" von Verheißung und Erfüllung denkt. Man könnte ja denken, dass die Linien in der Form der Verheißung auf Jesus Christus zulaufen und in ihm ihre endgültige Erfüllung finden. Aber ich glaube, dass Calvin an dieser Stelle noch einmal anders formuliert, was aber für die gesamten Ausführungen von großer Bedeutung ist.

4. Grundlegende Fragstellungen

Schaut man auf den Zusammenhang, in dem die Fragen nach dem Gesetzesverständnis verhandelt werden, so fällt auf, dass es zwei Themen sind, die Calvin immer wieder beschäftigen und die auch zusammenhängen.

4.1 Die Bundestheologie

„Calvins Verständnis dieses ‚Bundes' ist für seine Schriftlehre konstitutiv."[19] Mit diesem kurzen Satz wird angedeutet, wie die Frage nach dem Bund („foedus") Gottes mit den Menschen das theologische Denken Calvins charakterisiert. Wie eine Klammer umschließt sie sein Verständnis der Heiligen Schrift, aber letzten Endes auch die Fragen nach den anderen dogmatischen Topoi. Deutlich wird das an der Überschrift zum zweiten Buch seiner Institutio. Dort heißt es: „Von der Erkenntnis Gottes als des Erlösers in Christo, wie sie zuerst den Vätern unter dem Gesetz, alsdann auch uns im Evangelium geoffenbart worden ist."

Die Fragen, die sich hier ergeben, können nicht umfassend thematisiert werden, im Blick auf unsere Aufgabenstellung möchte ich nur einige wenige herausgreifen:

---

[19] Peter Opitz in: Selderhuis, Calvin Handbuch, S. 233.

- Calvin spricht nur von dem *einen* Bund Gottes, oder genauer: In der Substanz sind Alter und Neuer Bund identisch: „Beides kann man nun eigentlich mit kurzen Worten deutlich machen. Der Bund mit den Vätern ist im Wesen und in der Sache von dem unsrigen nicht zu unterscheiden, sondern ein und dasselbe."[20] Calvin geht sogar so weit, dass die Juden im Alten Bund nicht nur an der gleichen Bundesgnade Anteil gehabt haben, sondern dass ihnen sogar die gleichen Bundeszeichen gegeben worden sei; so hätten sie beim Durchzug durch das Rote Meer die Taufe empfangen.[21]

Es sind vor allem drei wesentliche Punkte, die ihn in seiner Meinung bestärken: Zum einen gibt es sowohl im Alten als auch im Neuen Bund die Hoffnung auf die Unsterblichkeit. Zum anderen war auch der Alte Bund von der Gnade Gottes gekennzeichnet und getragen; das „sola gratia" kam nicht erst durch Christus zutage, sicherlich in ihm und durch ihn in einer ganz neuen „Qualität", aber eben nicht als das umfassend Neue! Ein dritter Punkt betrifft die Mittlerschaft Christi. Auch diese war bereits im Alten Bund gegeben („Sie haben Christus als ihren Mittler gehabt und erkannt, durch den sie mit Gott in Gemeinschaft kamen und seiner Verheißungen teilhaftig wurden.").[22]

Was sich geändert hat, ist die äußere Darbietung, oder anders gesagt: Die Form hat sich geändert. Calvin nennt fünf Unterschiede in der Darbietung der beiden Bünde:

a) Die Zusagen des Alten Bundes seien noch stark an irdische Zusagen gebunden.

b) Der ewige Bund sei im Alten Bund nur wie ein Schattenriss abgebildet, er sei nur in Umrissen zu erkennen.

c) Nach Jeremia 31,31ff und 2. Korinther 3,6-11 herrsche im Alten Bund der Buchstabe, während im Neuen Bund der Geist regiere.

d) In ähnlicher Weise sei ein Unterschied zwischen Knechtschaft und Freiheit zu beobachten.

[20] Inst II,10,2
[21] Inst II,10,5
[22] Inst II, 10,2

78

e) Während der Alte Bund nur einem Volk offen stand, können nun alle Menschen aus allen Völkern mit in diesen Neuen Bund hineingenommen werden.

Bei allen Unterschieden in der Darbietung ist aber zu betonen, dass es um keine substantielle Veränderung gehen kann!

- Um seine Meinung zu begründen, muss Calvin nun auch die sogenannte Christusmittlerschaft annehmen. Nach der Auslegung von Paulus, dass durch einen Menschen alle gesündigt haben und dass durch den einen Christus das Heil gesetzt worden ist, kommt Calvin zu der Überzeugung, dass dann auch bereits im Alten Bund die Heilsmittlerschaft Christi gegolten haben muss. Auch wenn „es zwar bei Mose nicht mit ganz klaren Worten ausgedrückt" wird, so ist doch für den Glaubenden zu erkennen, dass Christus bereits bei der Gesetzgebung in den Blick genommen wurde. Auch die weitere Geschichte Gottes mit seinem Volk ist seiner Meinung nach nur dann zu verstehen, wenn alles auf Christus hin geordnet wurde.

- Im Blick auf das Verständnis des Gesetzes lässt sich somit festhalten:
  Calvin und Luther sind sich in ihrem Verständnis sicherlich einig, wenn es darum geht, dass das Gesetz als Heilsweg ausscheidet; es gibt keine Möglichkeit, vor Gott bestehen zu können als nur in Christus. Das hat Calvin an vielen Stellen mehr als deutlich herausgearbeitet und daran auch keinen Zweifel gelassen. Daneben aber hat Calvin ein weiteres Verständnis von Gesetz, welches weit über Luther hinausgeht. Im Gesetz selbst tritt uns die Verheißung des Evangeliums entgegen. Nach Galater 3,24 ist das Gesetz ganz und gar Zuchtmeister auf Christus hin, der aber nicht nur am Ende steht, sondern bereits am Anfang zugegen war. So gesehen verliert dieser Gegensatz von Gesetz und Evangelium etliches an Spannung, da das Gesetz letzten Endes bereits vom Evangelium verborgen umgriffen war.

4.2 Die Heilsgeschichte

„Das Gesetz ist nicht dazu gegeben, um das Volk des Alten Bundes bei sich selbst festzuhalten, sondern um die Hoffnung auf das Heil in Christus bis zu seinem Kommen zu bewahren."[23]

In diesem Satz kommt noch einmal sehr schön zum Ausdruck, wie stark Calvin von einem heilsgeschichtlichen Denken geprägt ist. Für ihn ist die Geschichte des Alten und des Neuen Bundes ein harmonisches Ganzes. Von der Schöpfung über die Gesetzgebung verläuft der Heilsplan über das Kommen und Wirken Christi bis hin zur Vollendung bei der Parusie des Herrn. Es ist zugleich eine Geschichte, die, wie wir gerade gesehen haben, stark christologisch verstanden wird. In dieses Ganze werden nun die einzelnen Fragen (dogmatische Topoi) eingezeichnet und verortet. So gewinnt auch das Problem der Heiligung (also die Frage der konkreten Nachfolge) ihr eigenes Gewicht, da das Gesetz auch für die Zeit der Vollendung seine besondere Stellung hat.

An dieser Stelle setzen natürlich viele Fragen an, die an Calvin und seine Sicht gestellt werden. Ich möchte hier nur eine herausgreifen: Wird diese harmonische Gesamtschau – und die damit verbundenen Implikationen – wirklich dem Gesamtzeugnis der Schrift gerecht, oder wird ein dogmatischer Grundsatz dem Fragen nach dem Text vorgesetzt? Dass dieses keine moderne Frage ist, zeigen auch die Untersuchungen zu den dogmatischen und den exegetischen Arbeiten Calvins. Manch einer vermutet, dass sich Calvin, der Exeget und Calvin, der Dogmatiker nicht selten ins Gehege kommen.

---

[23] Inst II,7 Überschrift zum siebten Kapitel

5. Fazit

Die Frage nach dem Verständnis von Gesetz und Evangelium bei Calvin ist nicht einfach auf die Frage nach dem dreifachen Gebrauch des Gesetzes zu reduzieren. Andere Fragen müssen an dieser Stelle mit berücksichtigt werden. Meines Erachtens fällt auf, dass Calvin einen vielschichtigen Gesetzesbegriff verwendet, mit dem auf der anderen Seite auch ein mehrschichtiger Begriff des Evangeliums korrespondiert. So ist auch die Verhältnisbestimmung zu Luther nicht leicht vorzunehmen, zumal dieser auch Unterschiedlichkeiten in seinem Verständnis erkennen lässt. Wichtig ist an dieser Stelle, dass die Frage nach Gesetz und Evangelium nicht von der Frage nach dem Bund (Föderaltheologie) und dem heilsgeschichtlichen Ansatz zu trennen ist.

Gesetz und Evangelium bei Paul Althaus

Christoph Schrodt

1. Biografisches[1]

Paul Althaus wurde am 4. Februar 1888 geboren und starb am 18. Mai 1966. Er absolvierte sein theologisches Studium in Tübingen und Göttingen. Entscheidenden Einfluss auf seine Lehre nahmen Adolf Schlatter, Martin Kähler und Karl Heim. 1925 erfolgte die Berufung nach Erlangen, der er treu blieb und eine Berufung nach Tübingen ablehnte. Althaus wurde bekannt als Neutestamentler, Lutherforscher und Dogmatiker. Zu seinen Hauptwerken zählen die folgenden Titel:
- Grundriss der Dogmatik (I 1929/II 1932)
- Grundriss der Ethik (1931)
- Die letzten Dinge (1922)
- Die christliche Wahrheit (I 1947/II 1948)
- Die Theologie Martin Luthers (1962)
- Die Ethik Martin Luthers (1965)
- Der Brief an die Römer (NTD, 1932)
- Paulus und Luther über den Menschen (1938)

2. Paul Althaus im Dritten Reich

Der Ruf von Paul Althaus wurde nachhaltig überschattet durch seine Rolle im Kirchenkampf. Nachdem vom 29. bis 31. Mai 1934 die „Barmer Theologische Erklärung" unter Federführung des reformierten Theologen Karl Barth verabschiedet worden war, meldeten sich schon

---

[1] Vgl. Hans Graß, Art. Paul Althaus; in: TRE II, 1978, S. 329-337.

am 11. Juni 1934 unter anderem Werner Elert und Paul Althaus mit dem sogenannten „Ansbacher Ratschlag" zu Wort.[2] Sie widersprachen dem mono-christologischen Offenbarungsansatz der Barmer Erklärung und versuchten demgegenüber, natürliche, schöpfungsgegebene Ordnungen und Offenbarungskategorien zu betonen.[3] In einer der kirchengeschichtlich empfindlichsten Situationen bot dies den „Deutschen Christen" die Möglichkeit, den Hitlerstaat als eine quasi-autonome göttliche Ordnung zu verstehen und zu proklamieren. Das Organ der Deutschen Christen, „Das Evangelium im Dritten Reich", schrieb in der Nummer vom 1. Juli 1934: „Diese knapp und klar mit ernster Gründlichkeit dargelegten theologischen Gedanken widerlegen ein für allemal die so anspruchsvoll vorgetragenen Beschlüsse ... der Barmer Synode. Keine theologische Instanz des Protestantismus in Deutschland oder im Ausland ist in der Lage, diesen Ansbacher Ratschlag zu bagatellisieren. Hier sprechen Theologen von Weltruf."[4]

Eine weitere höchst problematische Äußerung von Althaus betrifft das theologische Gutachten der Fakultät Erlangen „über die Zulassung von Christen jüdischer Herkunft zu den Ämtern der Deutschen Evangelischen Kirche"[5], das maßgeblich von den beiden Systematikern Elert und Althaus verfasst worden ist. Gegen die offenkundige

---

[2] Die bekannteste Formulierung: „Als glaubende Christen (danken) wir Gott dem Herrn, dass er unserem Volk in seiner Not den Führer als ,frommen und getreuen Oberherrn' geschenkt hat und in der nationalsozialistischen Staatsordnung ,gut Regiment', ein Regiment mit Zucht und Ehre bereiten will." (Kurt Dietrich Schmidt, Die Bekenntnisse und grundsätzlichen Äußerungen zur Kirchenfrage, Bd. II, Das Jahr 1934, Göttingen 1935, S. 102-104, hier S. 102f).

[3] Dies führte dazu, dass von den Gegnern der Barmer Erklärung der Staat und das „Gesetz" identifiziert werden konnten; Familie, Volkstum usw. erhalten eine Eigen-*Gesetz*-lichkeit. Nach dieser Auffassung eignet den Ordnungen *per se* eine gewisse Offenbarungsdignität.

[4] Zitiert nach Walther von Loewenich, Erlebte Theologie. Begegnungen, Erfahrungen, Erwägungen, München 1979, S. 175. Loewenich erinnert sich auch noch „der leidenschaftlichen Diskussion in Erlangen, Sommer 1934, in der sich Althaus den heftigen Angriffen von Seiten der studentischen Versammlung stellte, während Elert sein Fernbleiben mit einer ,schon längst angesetzten Seminareinladung' entschuldigte" (Loewenich, Erlebte Theologie, S. 177).

[5] Junge Kirche 1, 1933, S. 271ff. Aktueller Anlass war die geplante Einführung des „Arier-Paragraphen" in die preußischen Kirchen und eine kirchliche Anfrage diesbezüglich an verschiedene theologische Instanzen.

Intention von 1. Korinther 7,20 wird betont: „Aber die allen Christen gemeinsame Gotteskindschaft hebt die biologischen und gesellschaftlichen Unterschiede nicht auf, sondern bindet jeden an den Stand, in dem er berufen ist (1. Kor. 7,20)."[6] Der Pfarrer „soll mit seiner Gemeinde in ihrer irdischen Existenz so verbunden sein, dass die ihr daraus erwachsenen Bindungen auch die seinen sind. Dazu gehört die Bindung an das gleiche Volkstum."[7] Die Kirche hat „das grundsätzliche Recht des Staates zu solchen gesetzgeberischen Maßnahmen" (Arierparagraph) anzuerkennen und „Volkskirche der Deutschen" zu sein. Deshalb seien jüdische Pfarrer „eine schwere Belastung und Hemmung". Fazit: „Die Kirche muss daher die Zurückhaltung ihrer Judenchristen von den Ämtern fordern."[8]

3. Paul Althaus' Einstellung zu Gesetz und Evangelium[9]

Leider wurde der originelle Ansatz von Paul Althaus – die heilsgeschichtliche Unterscheidung von Gebot und Gesetz – zu diesem Themenkomplex nachhaltig kompromittiert durch seine eben skizzierte Rolle im Kirchenkampf.[10] Seine Ausführungen verdienen jedoch gehört zu werden.

[6] Junge Kirche 1, S. 272.
[7] Junge Kirche 1, S. 273.
[8] Alle Zitate Junge Kirche 1, S. 273.
[9] Da dem vorliegenden Aufsatz ein zeitbestimmtes Kurzreferat von 15 Minuten zugrunde liegt, bleibt kein Platz für die ausführliche Diskussion der Sekundärliteratur. Hier eine Auswahl der zu Rate gezogenen Werke: Christoph Schwöbel, Art. Gesetz und Evangelium; in: [4]RGG 3, S. 862-867; Hans-Martin Barth, Art. Gesetz und Evangelium I; in: TRE XIII, 1984, S. 126-142; Yoshiro Ishida, Art. Gesetz und Evangelium II; in: TRE II, 1978, S. 142-147; Wolf Krötke, Das Problem „Gesetz und Evangelium" bei W. Elert und P. Althaus; in: Theologische Studien 83, 1985; Jörg Kailus, Gesetz und Evangelium in Luthers Großem Galaterkommentar sowie bei Werner Elert und Paul Althaus. Darstellung in Grundzügen und Vergleich; in: Theologie 68, 2004. – Von Althaus selbst wurden neben der Schrift „Gebot und Gesetz" vor allem noch konsultiert: „Durch das Gesetz kommt Erkenntnis der Sünde"; in: Um die Wahrheit des Evangeliums. Aufsätze und Vorträge, Stuttgart 1962, S. 168-180; Die christliche Wahrheit. Lehrbuch der Dogmatik, Gütersloh [8]1972.
[10] Althaus konnte nach dem Zweiten Weltkrieg seinen Weg während des Dritten Rei-

Am klarsten und schönsten kommen sie in der Schrift „Gebot und Gesetz" von 1952 zum Ausdruck. Ich werde im Folgenden dem Aufbau dieser Schrift folgen und die Thesen von Althaus im wesentlichen mit Zitaten vorstellen[11]:

3.1 Gebot und Gesetz im Neuen Testament

„Gebot und Gesetz zu unterscheiden lässt sich natürlich nicht durch die beiden Begriffe als solche begründen. Die Unterscheidung hat nicht analytischen, sondern synthetischen Charakter" (8).

Im Blick auf die Unterscheidung von Gebot und Gesetz orientiert sich Althaus vor allem an Johannes: „Gesetz" meine bei ihm „ausnahmslos die Tora des Mose. Dagegen wird für Gottes bzw. Christi Willen an die *Christen* – ebenso wie für Gottes Willen an Jesus Christus – durchgehend das Wort ‚Gebot' verwendet, niemals ‚Gesetz' ..." (10).[12] „Johannes unterscheidet also mit theologischer Strenge zwischen ‚Gesetz' und ‚Gebot' ..." (ebd.).

3.2 Das Gebot im Urstand

„Am Anfang ist das Gebot, in dem Ur-Stande, aus dem wir alle herkommen. Es ist da als die andere Seite des Angebotes, mit dem die ewige Liebe Gottes dem Menschen ursprünglich begegnet. ... Das Gebot gründet ganz im Angebote, wird ganz getragen von der Gabe Gottes an uns. Dieses steht am Anfange: Gottes Für-uns-sein-wollen. Nicht das Gebot, sondern das Angebot ist das erste" (11).

---

ches als einen „tragischen Irrtum" bezeichnen und durchaus bereuen. Werner Elert ist das leider nie gelungen.

[11] Die Seitenzahlen in Klammern beziehen sich auf das genannte Werk: Paul Althaus, Gebot und Gesetz. Zum Thema „Gesetz und Evangelium", Gütersloh 1952.

[12] Hervorhebung im Original; im Folgenden abgekürzt durch „HiO".

„Dass Gottes Wille uns als Gebot begegnet, das ist nicht erst durch die Sünde und um der Sünde willen so, sondern ist Setzung des Schöpfers. ... Das Gebot ist nicht erst infralapsarisch, sondern schon supralapsarisch" (12).

3.3 Durch den Fall wird das Gebot zum Gesetz[13]

Das Gebot des Ursprungs ist nach Althaus nur positiv, aber das Gesetz ist negativ: „... weil es uns schon auf dem Abwege von Gott vorfindet, muss es negativ sein, *Verbot* der Wege, die wir längst gehen" (15; HiO).[14] „Das Gesetz ist Denkmal unserer Sünde" (15). „Seinem entscheidenden *Inhalte* nach ist das Gesetz allerdings mit dem Gebote identisch" (14; HiO). Das bedeutet, das sich Gebot und Gesetz nicht in erster Linie inhaltlich unterscheiden, sondern hinsichtlich ihrer Funktion und ihrer Konsequenz im Blick auf den Menschen.

Das Gesetz ist nicht unerfüllbar im relativen Raum der Schöpfung. „Aber unerfüllbar wird das Gesetz der Verbote in der radikalen theozentrischen Dimension. ... Es fordert damit in der Indirektheit des Verbotes das reine Herz. Das Gesetz ist schon durch sein bloßes Dasein, einfach dadurch, dass es als Verbot notwendig wurde, die lex accusans und condemnatrix, anklagendes und verurteilendes Gesetz" (17).

„Daher gibt es für das Leben unter dem Gesetz keine andere Aussicht als die völlige Verurteilung des Menschen durch das Gesetz. ... Wer dessen einmal innegeworden ist und sich darüber nicht täuschen

---

[13] Zu bedenken ist hier, dass Althaus den Sündenfall nicht historisch sieht – dafür gibt es keinen Platz: „Kein Platz aber ist für den urständlichen vollkommenen Menschen der alten Dogmatik, kein Platz auch für die ungeheure Zäsur des Falles aus dem Urstande, eines Falles, der über der ganzen Menschheit Schicksal entschieden hat" (Die christliche Wahrheit II, S. 148, zitiert nach: Kailus, Gesetz und Evangelium, S. 336).

[14] Dies weicht allerdings ab vom Schöpfungsbericht der Bibel, wo das „Verbot" des Essens der Frucht schon im Paradies gegeben wird.

will, der kann sich des Gesetzes nicht freuen, es nicht lieben, sondern muss unter ihm nur in Angst leben, seufzen und klagen, ja es verwünschen und hassen als den schlimmsten Feind und Peiniger" (18).

3.4 Das Evangelium als Ende des Gesetzes

„Gott führt den Menschen durch das im Glauben empfangene Evangelium in das durch Sünde und Gesetz verlorene Grundverhältnis zurück, in den Ur-Stand des bedingungslosen Angebotes der Liebe und des bedingungslosen Kindesvertrauens" (22).

Deshalb kann Althaus nicht – wie Karl Barth – von „Evangelium und Gesetz" sprechen. Das verwirrt. Das Gesetz kommt nicht nach dem Evangelium, sondern vorher – ‚vor' im wesenhaften Sinne. „Denn Christus erlöst von der Herrschaft des Gesetzes" (25). Die „ursprüngliche Liebe Gottes sollten wir nicht mit ‚Evangelium' bezeichnen; der Begriff ‚Evangelium' muss seinen bestimmten Sinn als des Wortes von Gottes gnädigem Handeln mit dem *Sünder* behalten" (25; HiO).

3.5 Durch das Evangelium wird aus dem Gesetz wieder das Gebot

„Ob Gottes Wille mir zum Gesetze oder zum Gebote, im evangelischen Sinne, wird, hängt allein an meiner Stellung zum Evangelium. Der Inhalt ist, wie schon betont, in beiden der gleiche. Er wird dem Glauben an das Evangelium zum Gebote, dem Unglauben zum Gesetze" (24).

Bei Barth beobachtet Althaus eine „Epochenlosigkeit" (25). Die „Gnade des Urstandes" wird mit dem Evangelium identifiziert (ebd.). Aber das Evangelium ist „promissio", „Indikativ" (ebd.). Zwar ist im Indikativ sofort der Imperativ mitgesetzt, aber nicht als Gesetz, sondern als Gebot; dieses ist „als solches nicht die *primäre* Gestalt des Evangeliums" (ebd.; HiO). Der Imperativ im Evangelium „ist grundlegend unterschieden von dem Imperativ des Gesetzes", es ist ein „Gnadenimperativ" (mit Elert; 26).

„Durch das Evangelium ist das Gesetz abgetan, aber das Gebot in Kraft gesetzt – nicht trotz dem Evangelium, sondern seinetwegen, weil es uns nicht in das nur scheinbare Heil einer unheiligen Geborgenheit vor Gottes gutem, heiligen Willen, sondern in das echte Heil führen will, das in dem Einssein mit seinem Willen besteht. Daher sind die überlieferten Formeln, der Glaube wirke die Werke, die Werke folgen dem Glauben, unzulänglich. Er lebt *in* den Werken, in der konkreten Haltung und nicht ohne sie und außer ihr" (28; HiO).

Glaube und Werke „stehen freilich in schärfstem Gegensatze", wenn es um die Rechtfertigung geht (26). „Auf dem Boden des Evangeliums gehören Glaube und Werk, Heil und neues Leben unzertrennlich zusammen. Das Werk ist nichts anderes als konkreter Vollzug des Glaubens, konkretes Ergreifen des Heils" (26). Wo keine Werke folgen, glaubt der Mensch „dann nicht im Ernste das Evangelium ..., sondern verleugnet es und ist damit unter das Gesetz zurückgefallen, das sich nun in seiner ganzen Strenge an ihm vollzieht" (27). „Das Evangelium ist zugleich und unabdingbar Gebot, der Glaube unmittelbar und unausweichlich Tat, Haltung" (27).[15]

3.6 Der Christenstand als Leben unter dem Gebot

Es geht hier um mehr als um das Gesetz. Das Gesetz tut nur das Notwendige – die Liebe aber mehr, sie setzt neue Verhältnisse. „Ihr eignet etwas von der Originalität und Initiative der Liebe Gottes" (28). Sie ist „überschwänglich" (29). Sie „muss" nicht, sondern es gilt das „ich darf".

Trotzdem brauche ich das Gebot. Es signalisiert mir: Ich lebe im Hören, im Warten auf das Gebot. Ich weiß es nicht im Voraus (29). Ich kenne den Willen Gottes nicht bloß instinktiv, psychologisch-intuitiv, sondern nur in der „Demut des Fragens" (30). Ich lebe dem Willen Gottes gegenüber nie anders als im „Gehorsam" (30).

---

[15] Es ist offensichtlich, dass sich hier das Erbe Schlatters meldet.

3.7 Die Bedeutung der biblischen Weisungen – Tertius usus legis?

„Das heißt: grundsätzlich ist jedem Christen, weil er von Gottes Geist geleitet wird ..., die Freiheit gegeben, Gottes Willen selber zu erkennen" (37). Aber wir können uns auch täuschen; wir haben den Geist nicht in dem Maße wie die Apostel. „So kann man auch als Christ Gottes Willen gründlich verfehlen. Daher ist es geraten, auf die Weisungen des Neuen Testamentes, die apostolischen Imperative zu hören: wir bedürfen dessen, als Maßstab und Korrektiv für unser eigenes Erkennen des Willens Gottes hier und jetzt" (37).

Den Ausdruck „tertius usus legis" lehnt Althaus aber ab. Denn sachlich spricht im Leben des Christen nicht mehr das Gesetz, sondern das Gebot. Hier drohe ein Missverständnis, denn das Leben des Christen ist nicht ein legalistisch geregeltes, sondern in der Freiheit des Geistes gelebtes. Für den konkreten Lebensvollzug des Christen schließlich ist außerdem nicht nur das „Gesetz" von Belang, sondern auch das Leben der Apostel, das Vorbild Jesu usw. Deshalb möchte Althaus zusammenfassen:

„So muss an die Stelle der Formel vom ‚dritten Gebrauch des Gesetzes' der Satz treten: der Heilige Geist leitet zur Erkenntnis des Willens Gottes auch durch die sittliche Weisung und Wirklichkeit in der Schrift und in der Christenheit. Er lehrt mich nicht geschichtslos, sondern er stellt mich in die Gemeinde der Väter und der Brüder im Glauben" (39).

4. Die Stärken des Ansatzes von Paul Althaus

Zum Abschluss möchte ich nun noch in einigen Thesen die Stärken des Ansatzes von Paul Althaus zum Ausdruck bringen:
1. Die Unterscheidung von Gesetz und Gebot kann fruchtbar gemacht werden, um zentrale Anliegen des Neuen Testaments zur Sprache zu bringen (Rechtfertigung und Heiligung). Sie ist synthetisch – nicht analytisch; perspektivisch – nicht statisch.

2. Die Verortung des *einen* Gotteswillens im Gebot zielt auf die Zu-ordnung von Protologie und Eschatologie, Schöpfung und Erlö-sung. Jesus bringt mit dem „neuen Gebot" den ursprünglichen Schöpferwillen zur Geltung.

3. Wenn das Gebot am Anfang steht (und auch das Gesetz noch ge-brochen den Willen Gottes spiegelt), dann ermöglicht dies einen Dialog mit den anthropologischen und philosophischen Wissen-schaften und den anderen Religionen.

4. Heilsgeschichtliche Linienführung jenseits traditionell lutherischer Fundamental-Dialektik und Barth'scher „Epochenlosigkeit".

5. Die Verlorenheit des Menschen unter dem Zorn Gottes wird nicht durch eine immer schon gegebene Umklammerung durch das Evangelium unwirklich (das ist eine Gefahr bei Karl Barth). Der Zorn Gottes ist kein gedankliches Konstrukt, das durch ein anderes gedankliches Konstrukt („Evangelium") aufgehoben wird, sondern eine reale Gotteserfahrung, die nur in der Geschichte des Glaubens überwunden wird.

6. Das Leben des Gläubigen unter dem Gebot (de facto ein „tertius usus legis") wehrt dem Antinomismus/Libertinismus.

7. Gleichzeitig wehrt der Begriff „Gebot" einer Legalisierung des Christenlebens und das seelsorgerliche Anliegen Luthers wird ge-wahrt (rechte Unterscheidung als Bollwerk gegen die Anfechtung).

8. Die Qualifizierung des christlichen Ethos als „Geist-Ethos" in der Bindung an das Gebot eröffnet einen Weg, bei dem die Freiheit des Geistes und die Geschichtlichkeit der Offenbarung bleibend aufei-nander bezogen sind.

Gesetz und Evangelium bei Karl Barth

Ernst Kirchhof

1. Vorbemerkung

Wie schon der Titel seiner Schrift aus dem Jahr 1935 „Evangelium und Gesetz" zeigt, war Karl Barth der Meinung, die Lehre von Gesetz und Evangelium müsse in neuer Weise formuliert werden. Dabei grenzte er sich vor allem ab von der Vorstellung, Gesetz und Evangelium seien als ein Gegeneinander zu verstehen. In teils scharfer Polemik betonte Barth stattdessen die Zusammengehörigkeit von beidem.

Im Folgenden will ich versuchen, seine Formulierung der Lehre von Gesetz und Evangelium in ihrem systematischen Zusammenhang darzustellen. Ich orientiere mich dabei stark an der Darstellung von Berthold Klappert, die er im Jahr 1973 unter der Überschrift „Gesetz und Evangelium bei Luther und K. Barth"[1] vorgetragen hat.

2. Der systematische Bezugspunkt der Lehre von Gesetz und Evangelium bei Barth – Bund und Gebot

Schon im Eingangsabschnitt von Barths Schrift „Evangelium und Gesetz" zeigt sich, worin sich sein Ansatz von dem Martin Luthers unterscheidet. Luther ordnet Gesetz und Evangelium *soteriologisch* der Anfechtungserfahrung des Menschen zu. In diesem Kontext versteht er Gesetz und Evangelium als zwei gegeneinander stehende Worte Gottes. Dabei wird das richtende und verdammende Gesetz durch das

---

[1] Berthold Klappert, Gesetz und Evangelium bei Luther und K. Barth. Jürgen Moltmann zum 50. Geburtstag; in: Theologische Beiträge 1976, S. 140-157.

Evangelium ebenso vorausgesetzt wie auch überwunden und aufgehoben. Anders Barth: Für ihn bilden die Begriffe *Bund und Gebot* das Koordinatensystem der Zuordnung von Evangelium und Gebot bzw. Gesetz und Evangelium. In „Evangelium und Gesetz" sagt er: „Wer zu unserem Thema recht reden will, der muss zuerst vom *Evangelium* reden …. Das Gesetz wäre nicht das Gesetz, wenn es nicht geborgen und verschlossen wäre in der Lade des *Bundes*. Und auch das Evangelium ist nur dann das Evangelium, wenn das Gesetz … in ihm, als in der Bundeslade *geborgen* und *verschlossen* ist."[2]

3. Verheißung als Kategorie des Bundes (Barth) und Verheißung als mündliches Vergebungswort (Luther)

Grund für diese unterschiedlichen Ansatzpunkte sind wohl auch die verschiedenen geschichtlichen Frontstellungen, in denen Luther und Barth gestanden haben. Das allein reicht aber nicht aus, um Barths Neuansatz zu erklären. Für ihn geht es auch und vor allem um die rechte Auslegung der Heiligen Schrift.[3]

Barth beginnt seine Verhältnisbestimmung von Gesetz und Evangelium mit dem Verweis auf Galater 3,17: „Wer zu unserem Thema recht reden will, der muss zuerst vom *Evangelium* reden. Denken wir hier sofort an jene 430 Jahre Abstand, in dem das Gesetz nach Gal. 3,17 der Verheißung folgte. Es *muss* ihr folgen, aber es muss ihr *folgen*."[4]

Die Vorordnung des Evangeliums vor das Gesetz wird von Barth also *bundestheologisch* begründet: Wie die Verheißung dem Gebot vorgeordnet ist, so auch das Evangelium dem Gesetz. Damit greift

---

[2] Karl Barth, Evangelium und Gesetz, TEH 32, München 1935; wiederabgedruckt in: Gesetz und Evangelium. Beiträge zur gegenwärtigen theologischen Diskussion, Wege der Forschung Bd. CXLII, Darmstadt 1968, S. 1-29; hier S. 1 (Hervorhebung im Original).

[3] Vgl. dazu Edmund Schlink, Gesetz und Paraklese; in: Gesetz und Evangelium. Beiträge zur gegenwärtigen Theologischen Diskussion, S. 239-259; hier S. 240.

[4] Barth, Evangelium und Gesetz, S. 1 (Hervorhebung im Original).

Barth Ergebnisse der alttestamentlichen Exegese auf, wonach der Bund dem Gebot vorausgeht.

Im Unterschied zu Barth verstand Luther den Begriff „Verheißung" nicht als heilsgeschichtliche Kategorie. Oswald Bayer formuliert: „Man würde ... Luther missverstehen, wollte man ihn mit seiner Aufzählung alttestamentlicher Promissionen sich im heilsgeschichtlichen Schema von ‚Verheißung und Erfüllung' bewegen sehen. Jedes Mal, wenn eine Zusage Gottes ergeht, geschieht dasselbe, geschieht das Ganze, geschieht alles: das Heil."[5] Luther versteht den Begriff der „Verheißung" in unserem Zusammenhang also als „rechtskräftige Zusage der Vergebung im mündlichen Wort des Evangeliums"[6].

Anders Barth: In Fortführung seines bundestheologischen Ansatzes sagt er: „Indem das Gesetz der Verheißung folgt, folgt ihm selbst die Erfüllung der Verheißung und in ihr, nur in ihr, auch seine eigene, des Gesetzes Erfüllung"[7]. Die heilsgeschichtliche Reihenfolge lautet also: Verheißung – Gesetz – Erfüllung der Verheißung – Erfüllung des Gesetzes.

4. Das offenbare Gebot der Erfüllung (Barth) und das durch Christus interpretierte allgemeine Naturgesetz (Luther)

Diese Reihenfolge von Erfüllung der Verheißung und Erfüllung des Gesetzes ist für Barth unumkehrbar: Die Erfüllung des Gebotes ist die Folge der Erfüllung der Verheißung des Bundes. Damit setzt er einen anderen Akzent als Luther. Für Luther steht das soteriologische Interesse im Vordergrund. Ihm geht es vor allem um die persönliche Aneignung des Zuspruchs der Vergebung. Die Erfüllung des Gesetzes durch Christus kommt dabei als *Rechtsgrund* dieses Zuspruchs in den

---

[5] Klappert, Gesetz und Evangelium, S. 143 Anm. 19.
[6] Klappert, Gesetz und Evangelium, S. 143.
[7] Klappert, Gesetz und Evangelium, S. 144.

Blick. Der Inhalt des Gesetzes wird von Luther als klar vorausgesetzt. Das führte bei einem Teil der lutherischen Theologie zu Beginn des 20. Jahrhunderts zu einer Gestalt der Lehre von Gesetz und Evangelium, die Barth heftig kritisierte. In Anknüpfung an Aussagen Luthers wurde der Begriff Gesetz in dieser Theologie reduziert auf ein vom Menschen unerfüllbares Vergeltungs- und Leistungsgesetz. *Was* Gott fordere, das sei jedem Menschen von Natur aus in Vernunft und Gewissen bekannt. Fatalerweise wurde dieses Bekannte mit den völkischen Ordnungen von Ehe, Familie, Staat und Recht identifiziert.

In Abgrenzung zu solch einem Verständnis des Gesetzes betont Barth: Wenn der das Gebot einschließende Bund eine Geschichte hat, die von der Verheißung auf die Erfüllung hin verläuft, dann ist erst die Erfüllung der Verheißung die authentische Auslegung des Gebotes. Hier erst, in der Erfüllung der Verheißung, wird offenbar, was Gott gebietet. Dieses „christologische Zugleich von endgültiger Erfüllung und definitiver Offenbarung des Gebotes ist der Skopus der Aussagen Barths im Unterschied zu Luther."[8]

5. Die christologische Grundlegung von Evangelium und Gesetz bei Barth

Von lutherischer Seite ist an Barth immer wieder kritisiert worden, für ihn sei das richtende, tötende Gesetz nur ein Ergebnis menschlichen Missverständnisses und Missbrauchs. Demgegenüber sei mit Luther zu betonen, dass das anklagende Gesetz Handeln Gottes sei, Gottes Zornesreaktion auf den sündigen Missbrauch durch den Menschen.[9] Dieser Vorwurf geht aber an dem vorbei, was Barth tatsächlich sagt. Denn Barth ist mit Luther durchaus einig, dass das vom Menschen „missbrauchte Gottesgesetz dem Menschen zum Gericht [Gottes] wird; [es ist] Gottes Reaktion ... [und es ist] sein Zorn, in dem er den

---

[8] Klappert, Gesetz und Evangelium, S. 145.
[9] Vgl. Klappert, Gesetz und Evangelium, S. 147.

Menschen bei dem missbrauchten Gesetz behaftet."[10] In „Evangelium und Gesetz" sagt Barth: „Es ist das durch den Betrug der Sünde entehrte und entleerte Gesetz, das mit der Kraft des *Zornes Gottes* dennoch sein Gesetz ist und bleibt."[11]

Die Differenz zwischen Luther und Barth liegt an einer anderen Stelle: Barth versteht – wiederum bundestheologisch – das anklagende Gesetz nicht als Wort des verborgenen Gottes, sondern als Bedrohung aus der Bundeswirklichkeit heraus, den Zorn Gottes als das verzehrende Feuer seiner Bundesliebe. Die „Verkehrung des Bundesverhältnisses" in der Pervertierung des Bundesgebotes durch den Menschen bedeutet, dass der Mensch das auch weiterhin zu ihm gesprochene Ja Gottes „als ein vernichtendes Nein hören muss, ... dass ihm Gottes Gnade ... zum Zorn und *Gericht* wird"[12].

Auch das richtende Gesetz, der Zorn Gottes ist im Sinne Barths also eine Gestalt (!) seines Bundeswillens. Dabei geht es Barth um die *Unablösbarkeit* des anklagenden Gesetzes vom Evangelium. Beide – Evangelium und Gesetz – gehören bundestheologisch zusammen.

6. Die Verlagerung der kerygmatischen Kategorien Gesetz und Evangelium (Luther) in das christologische Nacheinander von Kreuz und Auferweckung (Barth)

Wie ist diese Zusammengehörigkeit zu denken? Für Barth ist auch die Frage nach dem *richtenden* Gesetz *in Christus* – dem Ort der Erfüllung der Bundesgeschichte Gottes mit dem Menschen – offenbar. „Barth transponiert die kerygmatische Dialektik Luthers von Gesetz und Evangelium, opus proprium und opus alienum, in die christologische Dialektik von Kreuz und Auferweckung"[13].

---

[10] Helmut Gollwitzer, zitiert nach Klappert, Gesetz und Evangelium, S. 148 Anm. 35.
[11] Barth, Evangelium und Gesetz, S. 23 (Hervorhebung im Original).
[12] Karl Barth, KD IV/1, S. 536f, zitiert nach Klappert, Gesetz und Evangelium, S. 148f (Hervorhebung im Original).
[13] Klappert, Gesetz und Evangelium, S. 149.

„Es geschah der Tod Jesu Christi als Gottes *negative* Tat laut seiner Auferstehung in *positiver* Absicht. ... Und es hatte die A*uferweckung* Jesu Christ als Gottes *positive* Tat laut seines vorangegangenen Todes jene negative Voraussetzung." Hier trifft nach Barth Luthers Reihenfolge zu: erst Gesetz, dann Evangelium. „... zuerst [!] ein *negatives* Geschehen (in *positiver Absicht!*), eine Abwendung (mit dem Ziel einer Zuwendung!) ... – dann [!] aber ein *positives* Geschehen (mit einer *negativen Voraussetzung!*)"[14].
Dennoch gibt es einen wichtigen Unterschied zu Luther.

7. Die Exklusivität der christologischen Fassung des Nacheinanders von Gesetz und Evangelium (Barth)

Der Unterschied zu Luther besteht darin, dass Barth diese Reihenfolge streng auf das in Christus Geschehene eingegrenzt. Hier allein, im Christusgeschehen, ist es ein für allemal geschehen.

Dabei bilden Kreuz und Auferweckung nach Barth die *Einheit einer unumkehrbaren Folge.* Diese Einheit „hat die Art einer ,Einbahnstraße', sie ist also *nicht umkehrbar*"[15]. „War ,ante Christum resuscitatum'[16] die Gnade Gottes in seinem Gericht, das Ja Gottes in seinem Nein ... verborgen, so gilt das ,post Christum crucifixum et resuscitatum'[17] nicht mehr. ... Haben wir es ... mit dem *Gekreuzigten* nur noch als mit dem *Auferstandenen* zu tun, dann gibt es ,keinen Gekreuzigten in abstracto', dann gibt es ,kein Zurück hinter den Ostermorgen'"[18]. Eine mit dem ,nackten Kreuz' operierende Kreuzes- (bzw.

---

[14] Karl Barth, KD IV/1, S. 342, zitiert nach Klappert, Gesetz und Evangelium, S. 149 Anm. 38 (Hervorhebung im Original).
[15] Karl Barth, KD IV/1, S. 379, zitiert nach Klappert, Gesetz und Evangelium, S. 150 Anm. 40 (Hervorhebung im Original).
[16] Zu deutsch: „Vor der Auferweckung Christi".
[17] Zu deutsch: „nach Kreuzigung und Auferweckung Christi".
[18] Karl Barth, KD IV/1, S. 379, zitiert nach Klappert, Gesetz und Evangelium, S. 150 Anm. 43 (Hervorhebung im Original).

Gesetzes-)predigt schritte ja „zurück in die noch nicht durch das Licht des Ostertages erleuchtete Nacht von Golgatha, zurück und hinein in das noch nicht als Heilsgeschehen proklamierte und offenbare Gerichtsgeschehen, zurück in den Bereich, wo Gottes Ja zum Menschen ... noch unzugänglich tief unter seinem Nein verborgen war!"[19]

Von diesem unumkehrbaren Gefälle des Zusammenhangs von Kreuz und Auferweckung her ist es nach Barth theologisch unsachgemäß, wenn man *kerygmatisch* „wieder mit dem Ersten, mit dem ,nackten Kreuz', mit dem Gericht, mit dem göttlichen Nein ..., mit dem Gesetz anfangen wollte, das doch von Jesus an unserer Stelle erfüllt ist"[20].

Im Gegenüber zu Luthers immer wieder formulierter Aussage, dass „Gottes Handeln am Menschen im Nacheinander von Demütigen und Erhöhen, von Zorn und Gnade, von Gesetz und Evangelium" geschieht, dass also Gottes dialektisches Handeln am Menschen im Töten und Lebendigmachen besteht, heißt es bei Barth: „Gott hat von Ewigkeit her verworfen und in der Zeit verdammt und gerichtet, er *hat* getötet – in seinem Sohn ... alle getötet, indem dieser an ihrer Stelle getötet wurde. Aber eben darauf kommt er *nicht* zurück. Eben damit fängt er nicht wieder von vorne an. Denn um zu *erretten* hat er gerichtet. Um *lebendig* zu *machen* hat er getötet [!]. ... Und nun ist dieses Telos des Weges, den er ... in der Geschichte Jesu Christi gegangen ist, unser Anfang."[21]

[19] Karl Barth, KD IV/1, S. 380, zitiert nach Klappert, Gesetz und Evangelium, S. 150 Anm. 44.
[20] Karl Barth, KD IV/1, S. 380, zitiert nach Klappert, Gesetz und Evangelium, S. 150 Anm. 47.
[21] Karl Barth, KD IV/1, S. 381, zitiert nach Klappert, Gesetz und Evangelium, S. 151 Anm. 49 (Hervorhebung im Original).

8. Die kerygmatische Konsequenz

Will man das ein für alle Mal und damit die Unwiederholbarkeit von Kreuz und Auferweckung nicht eliminieren, dann darf die Reihenfolge zuerst richtendes Gesetz, dann frei sprechendes Evangelium kerygmatisch nicht mehr wiederholt werden. Das heißt für Barth: Ausschließlich an der Verkündigung des Evangeliums entstehen Sündenerkenntnis und Buße.

9. Die sozialethische Konsequenz

Der christologischen Interpretation des richtenden Gesetzes Gottes und der daraus folgenden Unmöglichkeit, das richtende Gesetz Gottes kerygmatisch zu wiederholen, entspricht im gesellschaftlichen Bereich die Unmöglichkeit einer *strafrechtlichen* Wiederholung des richtenden Gesetzes Gottes. Positiv folgt daraus für Barth die Notwendigkeit, das Sühne- und Schuldstrafrecht durch ein Fürsorgemaßnahmerecht zu ersetzen. Barth hält deshalb zum Beispiel die Todesstrafe für nicht mehr möglich. Sein entscheidender Begründungssatz gegen die Todesstrafe aus der Schöpfungsethik KD III/4 lautet: „Die vergeltende Gerechtigkeit Gottes hat sich nach christlicher Erkenntnis schon ausgewirkt, die von Ihm geforderte Sühne für alle menschliche Übertretung ist ja schon [am Kreuz Christi] geleistet, die geforderte Todesstrafe des menschlichen Rechtsbrechers ist ja *schon* vollzogen. Eben dazu hat Gott ja seinen einzigen Sohn hingegeben."[22] Und Barth fährt fort mit der Frage: „Bedeutet das Ergebnis dieses gerechten Gerichtes nicht: ... Vergebung für sie alle? Für welche dann nicht? Welche Kategorie besonders schwerer Sünder dürfte dann von dem Freispruch, wie er aufgrund der auf Golgatha vollzogenen Todesstrafe erwirkt wurde, ausgenommen werden?"[23]

---

[22] Hervorhebung im Original
[23] Karl Barth, KD III/4, S. 506, zitiert nach Klappert, Gesetz und Evangelium, S. 156 Anm. 61.

Zuspruch und Anspruch in der Verkündigung[1]

Wolfgang Theis

1. Vorbemerkung

„Es gibt in der theologischen Tradition keine Begrifflichkeit, die im
Ansatz so strikt auf die Verkündigung bezogen ist wie die der reformatorischen Rechtfertigungslehre. Deren Grundkategorien sind mit
der Unterscheidung von Gesetz und Evangelium gegeben."[2]

Mit dieser These beginnt Manfred Josuttis seine immer noch le-
senswerte Studie über die „Gesetzlichkeit in der Predigt der Gegenwart". Mit den Begriffen „Gesetz und Evangelium" oder wie in unserer Formulierung des Themas „Zuspruch und Anspruch" bewegen wir
uns in einem zentralen Bereich der Homiletik: Es geht dabei um den
Inhalt der christlichen Predigt. Um es zugespitzt zu sagen: Es geht darum, dass unsere Verkündigung der frohen Botschaft von Jesus Christus nicht nur biblisch, sondern evangeliumsgemäß ist. Das ist – wir
werden es noch sehen – keine leichte Aufgabe. Geht es doch um die
Kunst, richtig zu unterscheiden, die nach Luther einen Theologen aus-
macht.

Mit der Unterscheidung von Gesetz und Evangelium sind drei
wichtige Erkenntnisse verbunden[3]:

---

[1] Der Vortragsstil dieses ursprünglich als Vortrag konzipierten Aufsatzes wurde weitgehend beibehalten. Wenn ich im Folgenden vom „Prediger" spreche, soll dies nicht
so verstanden werden, als ob ich nur männliche Predigende anspreche. Ich habe
diese Sprachform nur wegen der besseren Lesbarkeit gewählt und bitte weibliche
Predigerinnen, die ich sehr schätze, sich mit angesprochen zu fühlen.

[2] Manfred Josuttis, Gesetzlichkeit in der Predigt der Gegenwart (1969); wieder veröffentlicht in: ders., Gesetz und Evangelium in der Predigtarbeit, Homiletische Studien 2, Gütersloh 1995, S. 97-181, hier S. 97.

[3] Vgl. zum Folgenden: Josuttis, Gesetz und Evangelium, S. 97.

1. Wer das Evangelium rein verkündigen will, muss lernen, es vom Gesetz klar zu unterscheiden.
2. Wer das Evangelium versteht, lernt das Gesetz neu, nämlich auf außergewöhnliche Weise, zu predigen. Denn das Evangelium befreit das Gesetz Gottes aus der Gesetzlichkeit, zu der es immer wieder missbraucht wird.
3. Es besteht eine Gefahr für die Predigt, nämlich die Gefahr der Gesetzlichkeit. Gesetzlichkeit folgt aus der Vermischung von Gesetz und Evangelium.

Ich werde bei der Behandlung des Themas in einem ersten Teil die Predigt des Gesetzes und die Predigt des Evangeliums einander gegenüberstellen und aufeinander beziehen. In einem zweiten Teil zeige ich einige typische Merkmale von Gesetzlichkeit auf, die bei der Vermischung von Gesetz und Evangelium eintreten. In einem dritten Teil wende ich mich der paränetischen Predigt zu.

In allen drei Teilen geht es darum, einige Kriterien zu entfalten, die helfen können, den Inhalt der Verkündigung selbstkritisch zu prüfen und, wo es sachlich notwendig erscheint, zu korrigieren, damit das Evangelium klar und eindeutig verkündigt werde, seine Kraft an Menschen entfalte, sie zum Glauben kommen, in ihrem Glauben bestärkt werden und aus Glauben leben.

Dabei besteht eine Schwierigkeit der Korrektur darin, dass Gesetzlichkeit häufig tief in unserer Person und Geschichte verwurzelt ist;[4] sie unterläuft uns meistens unbewusst. „Theologen, die die Gesetzlichkeit bekämpfen, sind erstaunt, bei der Auswertung ihrer Predigt zu hören, dass sie selber gesetzlichen Druck ausgeübt haben"[5] – zumindest ist es mir schon genauso ergangen. Das lässt uns vorsichtig sein im Blick auf das Urteil über andere, aber selbstkritisch werden im Blick auf uns und unsere Verkündigung.

---

[4] Dass Gesetzlichkeit zutiefst etwas mit unserer Person, mit unserer Lebens- und Glaubensgeschichte zu tun hat, darauf hat Hans van der Geest hingewiesen. Vgl. Hans van der Geest, Du hat mich angesprochen, Zürich 1978, S. 118-139.
[5] Van der Geest, Du hast mich angesprochen, S. 128.

2. Predigt des Gesetzes – Predigt des Evangeliums

Gottes Wort begegnet uns Menschen auf zweierlei Weise: einmal als gebietendes und forderndes Gesetz, zum anderen als befreiender Zuspruch des Evangeliums. Im Gesetz begegnet uns der Anspruch Gottes auf unser Leben und unser Verhalten. Das Gesetz sagt uns, was Gott von uns will. Gesetz bedeutet, „dass Gott uns seinen Willen kundtut, dass wir zu hören bekommen, wie er unser Leben will"[6].

Gottes Anspruch ist allerdings nicht zu lösen von dem, der diesen Anspruch an uns stellt.[7] Gott will mit dem Menschen zusammen sein. Dazu hat er ihn geschaffen. Das bedeutet: Gottes Anspruch ist in seiner *Zuwendung* begründet. Sein Anspruch an uns steht unter dem Vorzeichen, dass er sich uns zuerst zugewendet hat. Gott will, dass wir seiner Zuwendung entsprechend antworten.

Das wird zum Beispiel am ersten Gebot des Dekalogs deutlich: „Ich bin Jahwe, dein Gott, der ich dich aus Ägyptenland, aus der Knechtschaft, geführt habe." Gott, der seinem Volk seinen Willen vorlegt, stellt sich als Befreier und Beschützer vor. Die Gebote sind Weisungen eines fürsorglichen Gottes an sein geliebtes Volk. Das Gesetz Gottes ist gut (vgl. Röm 7,12). Es ist lebensfördernd und lebenserhaltend.

Am deutlichsten tritt Gottes Wille für uns Menschen in Jesus Christus zutage. In Jesus wird uns mitgeteilt, *wer Gott in Wahrheit* ist, der liebende, barmherzige Vater, der das größte Opfer bringt, um seine Menschen zurückzugewinnen. So will Gott mit seinen Menschen sein. Zugleich wird uns in Jesus der *wahre Mensch* vor Augen gestellt, der mit Gott in Gemeinschaft lebt und in seinem Tun und Leiden Gottes Willen erfüllt. „So ist uns in ihm auch Gottes Anspruch auf *unser* Leben und Tun gezeigt."[8]

---

[6] Hans Joachim Iwand, Die Predigt des Gesetzes; in: ders., Glaubensgerechtigkeit, München 1980, S. 145-170, hier S. 145.

[7] Bei den folgenden Ausführungen beziehe ich mich des Öfteren auf Wilfried Joest, Dogmatik, Band 2: Der Weg Gottes mit dem Menschen, Göttingen 1986, S. 487-517.

[8] Joest, Dogmatik, S. 508.

Wenn das Gesetz gut ist, wie kann es dann zugleich für uns zum Gerichtsurteil werden?

Gottes Gesetz besteht nicht aus freundlichen Empfehlungen, die folgenlos unbeachtet bleiben könnten. Es ist Ausdruck seines heiligen Willens. Wenn das Gesetz nicht eingehalten wird, hat dies schlimme Folgen: Ist das Beachten des Gesetzes lebensentfaltend, so bewirkt die Missachtung des Gesetzes den Tod.

Obwohl die Menschen seinen Willen missachten, hält Gott an seinem Anspruch fest:

„Er lässt die grundsätzliche Bestimmung der Menschen zu einem Leben in Gerechtigkeit nicht fallen. Das ist nicht als lieblos zu verstehen. Gerade seine Liebe wird darin erkennbar, denn Unrecht will er nicht zulassen. Seine Gerechtigkeit ist eine rettende Gerechtigkeit. In dem Sinne ist ein strafender Gott liebevoller, weil zuverlässiger, als einer, der alles nicht so genau nimmt. Die Beständigkeit seiner Liebe führt Gott dazu, das lebenermöglichende Gesetz aufrechtzuerhalten."[9]

Für den Menschen bedeutet das jedoch seine Verurteilung: Das von Gott aufrechterhaltene Gesetz deckt die Sünde auf und verurteilt uns. Das Gesetz deckt die Sünde nicht nur im Tun des Bösen auf. Sünde findet sich auch dort, wo sie unerkannt geschieht – sogar im Tun des Guten, weil der Mensch auch im Tun des Guten auf sich selbst bezogen bleibt. Denn der Mensch ist in seinem Innersten, in seinem Kern, als Person ein Sünder. „Gute fromme Werke machen nimmer mehr einen guten frommen Mann"[10], hat Martin Luther einmal gesagt.

Das Gesetz Gottes ist in seinem Anspruch nicht mit Taten erfüllbar. Dies zu meinen, ist der Irrweg der Gesetzlichkeit. *Das Gesetz bringt Erkenntnis und nicht Tat*, das Gesetz – zum Leben gegeben – bewirkt den Tod.[11]

---

[9] Van der Geest: Du hast mich angesprochen, S. 119.
[10] Zitiert nach Klaus Eickhoff, Die Predigt beurteilen, Wuppertal 1998, S. 119.
[11] Vgl. Iwand, Glaubensgerechtigkeit, S. 158f.

Das Gesetz hat eine aufdeckende und damit verurteilende Wirkung. „Das richtende Urteil Gottes trifft ja nicht ein bloßes Fehlverhalten, das von unserem Selbst ablösbar wäre: Mit unserer Sünde trifft es *uns selbst* in unserer Abkehrung von Gott, und seine Konsequenz müsste unsere Verwerfung sein."[12]

2.1 Predigt des Gesetzes

Predigt des Gesetzes ist nicht ein pädagogisches Instrument zur Besserung der Moral. Das führt zur gesetzlichen Predigt und zum Moralismus. Die Predigt des Gesetzes gilt dem *Menschen als Sünder*[13], indem sie „ihm die Wahrheit seiner Lage vor Gott vor Augen führt. Er wird in seinem Gewissen von der Gottlosigkeit und Verlorenheit seines Lebens überführt werden müssen"[14]. Oder mit Hans Joachim Iwand gesprochen: „So geht die Predigt, wenn sie von Gott her ergeht, wie ein jähes Erschrecken durch harte und durch weiche Herzen; sie nimmt jeden, wie sie ihn findet, und deckt ihnen allen das gleiche auf: Die Lage des Menschen vor Gott, wie sie in Jesus Christus ein für allemal offenbar wurde."[15]

Predigt des Gesetzes darf nicht so verstanden werden, dass sie den Menschen moralisch schlecht macht, ihm Böses anhängt und falsche Schuldgefühle erzeugt, sondern sie deckt auf und sagt, was ist, wie die wirkliche Lage des Menschen vor Gott aussieht. Sie ist radikal in dem Sinne, dass sie der Sünde an die Wurzel geht. Die Predigt des Gesetzes nimmt den Menschen darin ernst, dass sie ihn auf das unauflösliche Dunkel seines Lebens anspricht. Sie nimmt ihn darin ernster, als er sich selbst nimmt. Denn sie deckt auf, dass und inwiefern jenes Dunkel eine Folge und ein Symptom seiner schuldhaften Trennung

---

[12] Joest, Dogmatik, S. 513 (Hervorhebung im Original).
[13] Das bedeutet nicht, dass die Predigt des Gesetzes sich ausschließlich an noch nicht glaubende Menschen richtet. Weil und insofern auch ein glaubender Christ sündigt, braucht er die Predigt des Gesetzes, die die Sünde in seinem Leben aufdeckt und ihn dadurch neu zum Evangelium hinführt.
[14] Josuttis, Gesetz und Evangelium, S. 119.
[15] Iwand, Glaubensgerechtigkeit, S. 154.

von Gott ist, aus der der Mensch sich nicht selbst befreien kann. „Das ‚Gesetz' verurteilt. Eben diese bis ins letzte reichende Radikalität unterscheidet die Gesetzespredigt von der moralischen ‚Standpauke'."[16] Predigt des Gesetzes überführt den Menschen von seiner Gottlosigkeit und führt ihn dadurch zur Gnade hin. Das Gesetz Gottes als das Urteil Gottes über die Sünde des Menschen muss aufdeckend und wirklichkeitsnah gepredigt werden.[17] Wer es anders macht, wer Einzelsünden aufzählt, aber die Macht der Sünde nicht beim Namen nennt, wer die Eindeutigkeit nicht wagt, wer sich mit moralischer Entrüstung begnügt, der lässt die Gemeinde allein. Der Hörer wird dann in seiner Sünde beharren, weil er seine Verlorenheit nicht erkennt. Er wird meinen, er könne von sich aus mit etwas gutem Willen die Sünde vermeiden und dem Urteil Gottes entfliehen. Er wird dann das Evangelium für überflüssig erklären.

2.2 Predigt des Evangeliums

Befreiung erfährt der Mensch nicht durch moralische Aufrüstung. Stattdessen erfährt er seine Befreiung im *Zuspruch des Evangeliums*. Das Evangelium ist, seiner Wirkung nach, dem Gesetz entgegengesetzt. Es hebt das Urteil des Gesetzes über uns auf. Es tötet nicht, es befreit und macht lebendig. Es spricht dem sündigen Menschen zu, dass wir gerade als diese Sünder von Gott gerechtfertigt sind. Es verkündigt, dass Gott in seiner Barmherzigkeit in Jesus Christus die Welt versöhnt hat. Im Evangelium wird uns diese Versöhnung zugesprochen.

Das Evangelium trägt darum den Charakter der *Verheißung*. Es hat nicht den Anspruch, die Welt und ihre Rätsel zu erklären. Ebenso wenig ruft es dazu auf, ein bestimmtes Programm zu verwirklichen. Es betreibt nicht den Aufstand der Anständigen. Vielmehr verleiht es die Kraft, das eigene abgrundtiefe Versagen gegenüber Gott zuzugeben

---

[16] Peter Bukowski, Predigt wahrnehmen – Homiletische Perspektiven, Neukirchen 1990, S. 131.
[17] Vgl. M. Josuttis: Gesetz und Evangelium, S. 131.

und bewirkt den Glauben, dennoch von Gott geliebt und angenommen zu sein, und zwar allein aus Gnade durch Jesus Christus.

Zum verheißenden Evangelium gehört dann auch, dass der Glaube in der Liebe tätig wird (vgl. Gal 5,6). Diese Taten des Glaubens in der Liebe werden wachsen wie die Frucht an der Rebe des Weinstocks (vgl. Joh 15,1ff). Die Imperative und die Aufforderungen, nach dem Evangelium zu leben, sind nur die Vorderseite eines Geschehens, das von Gottes Geist bewirkt und gesteuert wird. Wird zum Gehorsam gerufen, so wird er gleichzeitig verheißen.

Gesetz und Evangelium sind zu unterscheiden, aber sie sind nicht zu trennen. Gesetz und Evangelium stehen einander nicht isoliert gegenüber als zwei widersprechende Worte Gottes oder als Ausdruck eines doppelten Willens Gottes, sodass in der Schwebe bliebe, ob Gott retten oder richten will. „Das Leben des Christen darf nicht verstanden werden als ein Hin- und Hergeworfen werden zwischen der Angst vor einem Vernichtungswillen Gottes und dem Vertrauen zu seinem Rettungswillen."[18]

Vielmehr ist eine *Dynamik* in der Beziehung von Gesetz und Evangelium zu beachten. Das Gesetz ist auf das Evangelium hin gesprochen. Das heißt: Gott zielt mit dem verurteilenden Wort des Gesetzes nicht auf den Tod des Sünders, sondern auf das Sterben seiner Sünde. Er überführt den Sünder, nicht um ihn hinzurichten, sondern um ihn aufzurichten, um ihn in die Arme Jesu Christi zu treiben.

Dies hat Folgen für unsere Verkündigung: Die richtende Kraft des Gesetzes über die Sünde darf nicht verschwiegen werden. Aber das Gesetz führt zum Evangelium. Wir haben Gottes Urteil über die Sünde zu predigen, „aber wir haben nicht den Gott eines gnadenloses Zornes zu predigen"[19]. Gottes Nein zur Sünde ist auf das JA zum Sünder hin gesprochen. Und das JA des Evangeliums hebt das Nein des Gesetzes auf.

Darum halte ich eine *isolierte* Predigt des Gesetzes für gefährlich und schädlich, denn sie führt nicht zu Christus, sondern stößt den

---

[18] Joest, Dogmatik, S. 514.
[19] Joest, Dogmatik, S. 515.

Menschen in die Verzweiflung und in die Depression. „Die Gesetzespredigt muss glaubenweckende und glaubwürdige Verkündigung sein. Das kann sie aber nur dann, wenn sie selbst schon von Jesus Christus herkommt. Nur die Gesetzespredigt, die von ihm herkommt, führt zu ihm hin."[20]

Damit ich nicht missverstanden werde, muss ich noch *zwei kritische Abgrenzungen* hinzufügen:

Aus der Reihenfolge von Gesetz und Evangelium haben manche Theologen – auch im Bereich des Pietismus – gefolgert, diese Abfolge entspreche dem Erleben des Menschen. Luthers Durchbruchserfahrung bzw. Franckes Bekehrungserfahrung wurden zum Schema, das sich in jedem Christenleben wiederholen sollte. Aus der Reihenfolge Gesetz – Evangelium wurde eine *psychologische und erlebnismäßige Folge* abgeleitet: Zuerst soll der Mensch durch die Predigt des Gesetzes in die Erkenntnis der Sünde und zur Buße getrieben werden. Dann kann das Evangelium den zerschlagenen Sünder aufrichten und zum Glauben führen.

Hier ist mit Recht zu fragen, ob die sachliche Zuordnung von Gesetz und Evangelium als psychologische Erlebnisfolge verstanden werden darf. Gott kann in seiner Geschichte mit einem Menschen auch den anderen Weg gehen, dass er gerade durch das Evangelium, indem er ihn *zu sich ruft*, das Unheil seines Lebens aufdeckt, *von dem er ihn wegruft*. Dafür gibt es bereits Beispiele im Neuen Testament, wie etwa die Geschichte mit Zachäus (vgl. Lk 19,1-10) zeigt.

Theologisch problematisch ist die Aussage: zuerst die Buße durch das Gesetz – dann der Glaube durch das Evangelium. Ist Buße ausschließlich die Erfahrung der Verurteilung durch Gott? Buße bedeutet doch *Umkehr und damit Hinwendung zu Gott*. Zu Gott kann aber nur der umkehren, der nicht nur das richtende Wort des Gesetzes, sondern auch das Evangelium hört, das ihm sagt, *zu wem* er umkehren darf. Zur Umkehr wird der Mensch nicht schon durch eine Vernichtungserfahrung bewegt, sondern durch das Wort, durch das der liebende Gott einen Menschen zu sich ruft.

---

[20] Iwand, Glaubensgerechtigkeit, S. 145.

Die zweite kritische Abgrenzung betrifft die Predigtpraxis: Man hat die Folge von Gesetz und Evangelium im Sinne eines *Aufbauschemas für die Predigt* verstanden. In einem ersten Teil wird dem Menschen die Ausweglosigkeit seiner Lage gezeigt, während im zweiten Teil das Evangelium für diese ausweglose Lage verkündigt wird. Dies mag gelegentlich ein durchaus gangbarer Weg für den Aufbau einer Predigt sein, aber dies ist kein Schema für alle Texte und Themen. Außerdem liegt die Gefahr nahe, dass die Predigt im Gesetz bzw. in Gesetzlichkeit stecken bleibt und der befreiende Zuspruch des Evangeliums zu kurz kommt. Bei der Unterscheidung von Gesetz und Evangelium geht es nicht um eine methodische Anleitung, sondern um eine theologische Unterscheidung – um *Grundkategorien* evangelischer Verkündigung.

3. Typische Fehler bei der Unterscheidung von Gesetz und Evangelium

Werden Gesetz und Evangelium nicht klar unterschieden, führt dies zu Gesetzlichkeit in der Verkündigung. Manfred Josuttis beschreibt Gesetzlichkeit folgendermaßen: „Gesetzlichkeit ist ... die Form der Verkündigung, die auf der Vermischung von Gesetz und Evangelium basiert und aus der die Ideologisierung des Evangeliums wie die Moralisierung des Gesetzes resultiert."[21] Im Folgenden möchte ich einige typische Varianten gesetzlicher Verkündigung beschreiben.

3.1 Das Evangelium wird verkürzt.

„Die ... häufigste Gefahr besteht darin, dass der Indikativ [des Evangeliums] schlicht verkürzt wird und nur noch in verkümmerter Gestalt

---

[21] Josuttis, Gesetz und Evangelium, S. 97.

auftaucht – zugunsten einer Überbetonung des (falsch verstandenen) Imperativs."[22]

Woran zeigt sich solche Verkürzung des Evangeliums?

Ein erster Indikator für die Verkürzung des Evangeliums zeigt sich häufig darin, wie die Gewichte zwischen dem Handeln Gottes und dem Tun der Menschen in unseren Predigten verteilt werden. Rudolf Bohren hat einmal vorgeschlagen, in den Predigtmanuskripten rot zu markieren, an welchen Stellen vom Handeln Gottes gesprochen wird, und die Stellen grau zu markieren, an denen es um das Tun der Menschen geht. Er befürchtet, „dass dann das Bild, die Optik der Predigt vorwiegend grau aussieht"[23].

Es gibt mehrere Varianten, in denen sich eine Verkürzung des Evangeliums zeigt:[24]

Bei einer ersten Variante kommen uns zwei ungleiche Geschwister entgegen. Das befreiende Handeln Gottes wird nicht verschwiegen, sondern ausdrücklich thematisiert: Da wird von Gottes Lieben, Schaffen und Befreien gesprochen. Aber die Aussagen bleiben seltsam blass, blutleer und theoretisch. Die verwendeten Formeln klingen stereotyp; sie sind in fast allen Predigten anwendbar und einsetzbar, weil nämlich theologisch „tot-richtig". Man spürt, dass der Prediger sich leider nicht die Mühe gemacht hat, das befreiende Handeln Gottes noch einmal neu zu meditieren, geschweige denn, dass er versucht, das gleiche Evangelium in neuen Begriffen zu verkündigen.

Ganz anders geht es zu, wenn dann endlich vom Handeln der Menschen die Rede ist. Da gibt es klare Vorstellungen, deutliche Worte, zahlreiche Beispiele und eindeutige Handlungsanweisungen. Dies hat zur Folge: In der Predigt dominiert – wahrscheinlich vom Prediger ungewollt und unbeabsichtigt – der Teil, in dem es um unser Tun geht, während das Evangelium darüber verblasst.

---

[22] Bukowski, Predigt wahrnehmen, S. 132.
[23] Rudolf Bohren, Mission und Gemeinde, S. 13; zitiert nach Eickhoff, Die Predigt beurteilen, S. 68.
[24] Vgl. zum Folgenden: Michael Herbst/Matthias Schneider, ... wir predigen nicht uns selbst, Neukirchen 2001, S. 120ff.

Die zweite Variante kommt plumper daher. Da wird Gottes oder Jesu Handeln zum Exempel für unser Handeln erhoben. Jesusgeschichten werden sehr rasch zum Vorbild für unser Handeln umfunktionalisiert. Anstatt zuerst einmal zu fragen, was in diesen Geschichten vom Handeln Gottes und vom Anbruch der Gottesherrschaft aufleuchtet, anstatt sich also in die Zusage des Evangeliums hineinzuhören, werden Jesusgeschichten gleich als Imperative für unser Tun gebraucht. Jesus und sein Handeln werden zum Vorbild für uns.

Wie viele Verirrungen trägt auch diese ein Körnchen Wahrheit in sich. Natürlich gibt es klare Weisungen in der Bibel, die uns Jesu Handeln zum Vorbild hinstellen (vgl. zum Beispiel: Joh 13,15). Aber es ist fatal, wenn wir in den biblischen Texten zuerst und vor allem Jesus als Vorbild betrachten, dem wir mit unserem Tun nacheifern sollen. Da ist aus dem befreienden Evangelium eine Idee des Wahren, Guten und Schönen geworden, dessen Wahrheit wir Christen in dieser Welt darzustellen haben. „Der Glaubende wird nur als Tätiger ernst genommen. Vergessen wird, dass das Evangelium eine Verheißung ist, dass im Evangelium eine Spannung zwischen dem vollbrachten Werk Christi und der eschatologischen Zukunft besteht. ... Nicht zufällig ist die Eschatologie fast aus den Predigten verschwunden. Die Hoffnung gilt nicht Christi Zukunft, sondern dem Handeln der Menschen."[25] Gott und Jesus haben damals gehandelt – nun sind wir dran.

Die dritte Variante bleibt in der Vergangenheit stecken. Es wird verkündigt, was Gott damals getan hat. Aber ob sein Handeln heute zu erwarten ist, bleibt höchst ungewiss. Selten wird in solchen Predigten etwas über Gottes gegenwärtiges Handeln gesagt. Sie erwecken den Eindruck, als sei Gott abwesend oder untätig. Doch „Predigt ist dem vergangenen *und* gegenwärtigen Handeln Gottes auf der Spur. Gott ist dafür zu loben, was er heute tut"[26]. Das Abenteuer, aber auch das Risiko der Predigt beginnt damit, von Gottes Handeln in der Gegenwart zu reden. „Das bedingt eine betende Haltung, die nicht eigenmächtig ein Tun Gottes ansagt, wo es nicht verheißen ist, sondern das betend

---

[25] Van der Geest, Du hast mich angesprochen, S. 126.
[26] Eickhoff, Predigt beurteilen, S. 68 (Hervorhebung von W. T.).

an Gottes vergangenem Handeln sein Tun für heute abliest und es prophetisch ansagt."[27]

Eine ähnliche Variante ist das Predigen „über". Manfred Josuttis nennt dies „die falsche Objektivierung"[28]. Die Predigt redet dann *über* die Liebe Gottes oder sie erzählt *von* der Güte Gottes. Aber im Darüberreden wird sie noch nicht erfahren. Sie bleibt ein Gegenstand der Rede und der Reflexion. Und der Zuhörer muss versuchen, das Gesagte bei sich aufzunehmen und auf sich zu beziehen.

Wie unangemessen eine solche objektivierende Redeweise im Blick auf das Evangelium ist, zeigt Luthers Entdeckung der Gerechtigkeit Gottes. Luthers Entdeckung schließt die Erkenntnis ein, dass Gott gerecht ist, indem er uns gerecht macht. Gottes Gerechtigkeit ist also keine menschenferne Eigenschaft Gottes, sondern eine Tat, die am Menschen geschieht und die den Menschen bestimmt. Deshalb darf in der Auslegung dieses Begriffs nicht nur über Gottes Gerechtigkeit geredet werden, vielmehr muss sie zugesprochen werden.

Es darf in der Predigt nicht nur über Vergebung geredet werden, sondern rechte Predigt des Evangeliums teilt Vergebung aus. Es darf in der Predigt nicht nur über Umkehr und Buße gesprochen werden, sondern rechte Predigt bewirkt Umkehr und Buße. Diese Wirkung ist gewiss abhängig vom Wirken des Geistes, der allein unsere Predigtworte wirksam machen kann. Aber damit wird die Frage nach einer sachgemäßen Sprache der Predigt nicht überflüssig. Zur Sprache des Evangeliums gehört deshalb ihr zusprechender und verheißender Charakter.

Wird das Evangelium verkürzt zu einem Reden über die Liebe Gottes, wird der Frohen Botschaft das Herz genommen. Da ist die Predigt kein Ereignis, sondern nur der Bericht über ein Ereignis. Das Evangelium verkündigt eine Person. Die aber tut etwas an mir, an der Gemeinde, an der Welt. Gott informiert nicht über ein Geschenk. Er schenkt. Darum ist Predigt des Evangeliums mehr als die genaue Auslegung eines biblischen Textes; sie teilt das Geschenk aus.

---

[27] Herbst/ Schneider, ... wir predigen nicht uns selbst, S. 122.
[28] Vgl. Josuttis, Gesetz und Evangelium, S. 99f.

3.2 Die Sünde wird verharmlost und das Gesetz wird verflacht.

Die Verkürzung des Evangeliums geht oft Hand in Hand mit einer „naiv (und deshalb gefährlich) zu nennenden Sündenlehre"[29]. Beginnen wir mit einem Predigt-Beispiel, das Klaus Eickhoff zitiert:[30]

„Haben wir gemerkt, wie weit wir von unserem Vorbild Jesus entfernt sind, was das Leiden betrifft? Wie wehleidig sind wir geworden! Wie schwer fällt uns der Verzicht auf ein bisschen Wohlstand zugunsten anderer? Was tun wir für die Armut der dritten und vierten Welt? Beten wir nicht den Götzen Wohlstand schlimmer an als die Israeliten das goldene Kalb? Wo bleibt da unser Bekenntnis, das wir Christen so gerne auf den Lippen tragen, dass wir Jesus nachfolgen wollen?"

In dieser Predigt wird eine Reihe von sündigen Verhaltensweisen aufgezählt. Menschliches Fehlverhalten wird darin so zur Sprache gebracht, als sei es *grundsätzlich behebbar*. Mit einem gerüttelten Maß an Einsicht, die in der Predigt vermittelt wird, und mit einer Portion guten Willens können die Fehlleistungen des Menschen abgestellt werden. Dabei zeigt doch schon die Lebenserfahrung, dass dem in sich verstrickten Menschen noch so gut gemeinte Appelle, die auf eine Veränderung seines Verhaltens zielen, nichts nützen, sondern ihn häufig nur noch tiefer in sein Elend treiben.

Von der *Sünde als Macht*, der wir – was uns betrifft – rettungslos verfallen sind, ist in solchen Predigten wenig zu hören. Die Lehre von der Sünde verflacht zur Morallehre. Das Gesetz wird verstanden als moralische Richtlinie und dadurch verharmlost. Es stellt den sündigen Menschen nicht mehr vor das Gerichtsurteil Gottes.

Die Folge ist ein *gesetzliches Verständnis vom Menschen*: „Der Mensch ist nicht tot, sondern krank, und Christus ist nicht Retter, son-

---

[29] Bukowski, Predigt wahrnehmen, S. 133.
[30] Eickhoff, Predigt beurteilen, S. 121.

dern Helfer, dessen Gebot und Vorbild uns zum wahren, gesunden Menschsein führen kann. So liegt der Ansatz für die gesetzliche Predigt im Verständnis des Gesetzes; dem Menschen, dessen Verlorenheit in Versäumnissen und einzelnen Defekten besteht, kann ohne Bedenken der Ruf zum unbeschwerten Gehorsam zugemutet werden."[31] Dies hat wiederum Folgen für das Verständnis des Evangeliums. *Der Verharmlosung des Gesetzes entspricht die Vergesetzlichung des Evangeliums.* Anstatt den Menschen aus dem Tod ins Leben zu führen, wird aus dem Evangelium ein moralischer Aufruf an den Menschen, sich zu bessern.[32] Mit Klaus Eickhoff zugespitzt gesagt: „Wird das Gesetz harmlos, wird das Evangelium machtlos."[33]

3.3 Sprache der Gesetzlichkeit

Es gibt eine Reihe von sprachlichen Signalen, in denen sich gesetzliche Tendenzen in der Predigt zeigen.

3.3.1 Konditionalsätze in der Predigt

Konditionalsätze kommen in den Predigten meistens freundlich daher. Sie schleichen sich ein. Die Predigt beginnt mit den großen Taten und Verheißungen Gottes. Gottes Liebe wird verkündigt. Hörerinnen und Hörern wird der Mund wässrig gemacht mit dem, was Gott alles getan hat, tut und anbietet. Doch dieses Angebot gilt den Hörern nur, *wenn* ...
Jetzt ist es heraus. Das Evangelium wird an eine Bedingung gebunden, die von uns zu erfüllen ist. Je nach der theologischen Vorliebe des Predigers fällt diese Bedingung anders aus: „... wenn wir uns mehr für Gerechtigkeit und die Bewahrung der Schöpfung einsetzen", „... wenn du dich ganz für den heiligen Geist öffnest", „... wenn du mehr Zeit für Gott und Stille finden könntest".

---

[31] Josuttis, Gesetz und Evangelium, S. 121.
[32] „Ohne das Wissen um die totale Verlorenheit des Menschen wird das Evangelium ein Ruf zur moralischen Besserung" (Josuttis, Gesetz und Evangelium, S. 121).
[33] Eickhoff, Predigt beurteilen, S. 120.

„Aus dem unbedingten Zuspruch wird eine bedingte Zusage. Die Bedingung muss erfüllen, wer den Zuspruch des Evangeliums genießen will. Das aber ist die Sprache der Gesetzlichkeit, die einen schweren, dunklen Schatten auf das schöne Evangelium wirft."[34] Klaus Eickhoff verdeutlicht es an einer Alltagsgeschichte.[35] Da sagt ein Freund zum anderen: „Ich schenke dir meine Kamera." Ginge es gut, kann der Beschenkte nur Danke sagen. Es geht aber nicht gut, denn der Freund sagt: „Ich schenke dir meine Kamera, wenn du mir dein Fahrrad gibst." Damit ist aus dem Geschenk ein Handel geworden.

Gott ist aber kein Händler. Er hat zu uns kein Geschäfts-, sondern ein Liebesverhältnis. Das Heil, das Gott schenkt, gilt bedingungslos. Darum wird das Evangelium verdorben, wenn es an Bedingungen geknüpft wird.

Etwas anderes als Bedingungen sind *„fröhliche Konsequenzen"*[36]. Wenn mir jemand, der mich mag, eine schöne Kamera schenkt, werde ich Danke sagen und sie gebrauchen. Ich werde schöne Aufnahmen machen und dem Geber aus Freude und Dank einige schenken. Das ist natürlich.

Ähnlich ist es mit dem Glauben und den Gaben, die Gott gibt. Sie sind freie Geschenke und an keine Bedingung geknüpft. Aber sie setzen Konsequenzen frei. Das Evangelium ermächtigt und ermutigt zu einem fröhlichen und dankbaren Dienst für Gott und für Menschen. Das ist Glaube, der durch die Liebe tätig wird (Gal 5,6).

Gesetzlichkeit macht aus diesen Folgerungen Bedingungen. Jetzt hängt alles davon ab, dass ich die Bedingung erfülle, sonst gilt mir Gottes Verheißung nicht.

3.3.2 Modalverben

Ein häufiger Kollege der Bedingungssätze sind Modalverben. Da schleichen sich in die Predigt in gehäufter Form Aussagen ein, die mit

---

[34] Herbst/Schneider, ... wir predigen nicht uns selbst, S. 117.
[35] Vgl. Eickhoff, Predigt beurteilen, S. 131.
[36] Vgl. Eickhoff, Predigt beurteilen, S. 131.

Gott will ... beginnen. Zum Beispiel: „Gott will dir nahe sein." Und es bleibt mir, dem Hörer, überlassen, dieses „Gott will" zu deuten. Meint der Prediger es etwa im Sinne einer Absichtserklärung: Gott *will* zwar – aber ob er es auch schafft? Das doch wohl nicht. Oder meint er es als Zusage: Gott *wird* dir nahe sein. Dann wäre ich dankbar, wenn mir die Nähe Gottes in dieser Klarheit zugesagt würde. Oder meint der Prediger: Gott will dir nahe sein – *wenn*, ja wenn du offen für Gott bist. Wenn der Prediger dies meint, dann soll er es klar und deutlich sagen. Er soll dann auch bedenken, wem unter dieser Bedingung Gott wirklich nahe sein kann.

Ähnliches gilt für das Hilfsverb *können*: Gott *kann* dich retten, dich begleiten, dich führen ... Man ahnt schon, wie es weitergeht: ... *wenn* du das und das tust. Dann hängt das Geschenk Gottes wieder von dem ab, was ich tue, so wenig es auch sein mag und so freundlich es mir in der Predigt angeboten wird.

Ein weiteres typisches Symptom für gesetzliche Predigt ist der Gebrauch des Hilfsverbs „*müssen*"[37]. In den alttestamentlichen Geboten und in den neutestamentlichen Paränesen kommt es nie vor. Die hebräische Sprache hat nicht einmal ein Äquivalent dafür. Für die Weisung wird der Imperativ oder das Futur benutzt.

Der Unterschied im Ton ist bezeichnend, weil sich eine ganz andere Haltung darin zeigt:

Hört auf ihn! – Wir *müssen* auf ihn hören!
Folge mir nach! – Wir *müssen* Jesus nachfolgen!

Durch das Müssen wird die liebevolle Aufforderung verdrängt von einer Pflicht, die zu erfüllen ist. Unausgesprochen steht hinter jedem Müssen ein „sonst ..."! Das Müssen macht aus der Aufforderung eine Drohung.

---

[37] Vgl. van der Geest, Du hast mich angesprochen, S. 127.

3.3.3 Fragen

Die Frage ist in der Predigt ein geselliges Wesen. Selten kommt sie allein daher, meistens begegnet sie im Rudel. Als Beispiel zitiere ich den Beginn einer Predigt:[38]

„Liebe Gemeinde,
von der Güte Gottes ist die Rede. Die Güte Gottes ist etwas Großes, aber haben wir sie erkannt? Dass Gott gut ist, das wissen wir. Aber, wie sind wir? Das ist doch entscheidend, nicht wahr? Fragen wir uns selbst: Wie sind wir? Natürlich steht auch was von Gottes Liebe in der Bibel. Natürlich, Gott liebt die Menschen. Bin ich total dafür. Aber habt ihr Gottes Liebe überhaupt schon ergriffen? Das ist doch die Frage. Wisst ihr überhaupt, was sie bedeutet? Ist sie euch je schon einmal begegnet? Habt ihr sie überhaupt erkannt? Wisst ihr überhaupt, was das ist und wie das geht? Ihr redet viel vom lieben Gott und wisst doch nichts von der Liebe Gottes! Seid ihr je zu seiner Liebe gelangt, seid ihr je in seiner Liebe geblieben? Habt ihr sie ergriffen?"

Die Predigt beginnt mit der Güte Gottes. Doch der Prediger nimmt den herrlichen Ton des Evangeliums nicht auf, sondern würgt ihn ab – erbarmungslos. Bereits im zweiten Satz ist die Predigt nicht mehr bei Gottes guten Taten, sondern bei unseren miesen Missetaten. Ein Perspektivwechsel wird vorgenommen: „Dass Gott gut ist, das wissen wir. Aber wie sind wir?" Eine dunkle Wolke schiebt sich vor die Güte Gottes: Aber ... Das ist das Aber, das die inquisitorischen Fragen vorbereitet.

Solche Frageketten verraten etwas über den Predigenden: Er ist nicht zufrieden mit seiner Gemeinde. Er sieht Nöte und muss sie ansprechen. Er will, dass die Gemeinde ihre Nöte sieht und eingesteht.

Doch was bewirkt diese Art von Fragen bei den Hörerinnen und Hörern? Dieser Typ von Fragen lenkt ihren Blick auf sich selbst. Nun

---

[38] Eickhoff, Predigt beurteilen, S. 141.

müssen sie sich selbst betrachten. Und was sie da zu sehen bekommen, ist alles andere als erfreulich.

In der Vorbereitung für die Beichte kann es sinnvoll sein, sich dem Unerfreulichen im eigenen Leben zu stellen, es zu benennen und zu bekennen, doch in einer Predigt, die das Evangelium an Menschen verschenken will, hat es fatale Folgen: Die Hörer werden zur Selbstbespiegelung verführt. Salopper gesagt: zur geistlichen Nabelschau. Die aber kann nicht in die Freude führen, sondern ich versinke in Selbstbetrachtung und Selbstverachtung, in Selbstvorwurf und Selbstanklage, in Selbstzerfleischung und Selbstverzweiflung.

Glaube übt sich darin, den Blick immer wieder auf Jesus Christus zu richten. Inquisitorisches Fragen führt dazu, dass ich meinen Blick immerzu auf mich selbst richte.

„Solche Fragesätze vermitteln den Glauben nicht, sondern lähmen ihn, und indem die Predigt auf ihrem Höhepunkt den Menschen zur Selbstbetrachtung verführt, stiftet sie keine Gemeinschaft mit Gott, sondern verhindert sie. Denn der Gott der Bibel quält die Gottlosen nicht mit vergeblichen Fragen, sondern er verurteilt sie durch sein hartes Gesetz und gibt sich in Jesus Christus vorbehaltlos an sie dahin."[39]

4. Die paränetische Predigt

Wie die paränetischen Abschnitte des Neuen Testaments zeigen, werden die Christen zum Handeln aufgefordert. Zum Indikativ tritt der Imperativ hinzu. Die Paränese ist wesentliches Element des biblischen Glaubens. Der Glaube führt organisch zur Nachfolge. Die Zugehörigkeit zu Jesus Christus führt zu einem neuen Gehorsam.

[39] Josuttis, Gesetz und Evangelium, S. 103.

4.1 Theologische Grundlagen der paränetischen Predigt

Die paränetische Predigt unterscheidet sich grundsätzlich von der Predigt des Gesetzes. Und zwar aus folgenden Gründen:

1. Die Imperative sind sachlich im Indikativ begründet. Der Indikativ des Handelns Gottes setzt die Imperative aus sich heraus, begründet und trägt sie. Deshalb sind die Imperative *„zunächst und vor allem Gabe"*[40]. Die Paränese ist – wie Josuttis sagt – trotz ihrer imperativischen Form „im Evangelium zu Hause"[41]. Sie ist Anweisung, die in der Barmherzigkeit Gottes begründet ist (Röm 12,1f).

2. Die Imperative im Neuen Testament richten sich an Menschen, die glauben, die also die rettende Kraft des Evangeliums erfahren (haben) und die durch Gottes Geist zu einem neuen Leben wiedergeboren sind. Die neutestamentlichen Ermahnungen sind an Christen gerichtet und nur für diese sinnvoll.

3. Die neutestamentlichen Imperative bedeuten für den Menschen nicht eine Forderung, die er von sich aus zu erfüllen hätte. Sie sind auch kein nackter Befehl, dem er aus eigener Kraft zu gehorchen vermöchte, sondern der Imperativ des Wortes Gottes *„ist die kräftige Austeilung der Erlaubnis, aus der Kraft des Wortes Gottes im Alltag der Welt seines Glaubens zu leben"*[42].

4. Für eine paränetische Verkündigung, die dem Evangelium entspricht, lässt sich darum folgender Grundsatz aufstellen: Nicht nur die Rechtfertigung, sondern auch die Heiligung ist Gottes gutes Werk, das den konkreten Gehorsam des Glaubenden ermöglicht und bewirkt. Auch in der Heiligung geht es um den Glauben – und zwar um den Glauben, der in der Liebe tätig wird (Gal 5,6). Es geht darum, *aus*

---

[40] Bukowski, Predigt wahrnehmen, S. 126 (Hervorhebung im Original).
[41] Josuttis, Gesetz und Evangelium, S. 155. Wilfried Joest schlägt – eine begriffliche Unterscheidung von Paul Althaus aufgreifend – vor, im Zusammenhang der Paränese „nicht von ‚Gesetz' zu reden, sondern von dem Zusammengehören von Evangelium und Gebot" (Joest, Dogmatik, S. 512). In seiner Luther-Studie „Gesetz und Freiheit" hatte Joest vorgeschlagen, statt vom ‚tertius usus legis' von einem ‚usus practicus Evangelii' zu sprechen (vgl. Wilfried Joest, Gesetz und Freiheit, Göttingen ⁴1968, S. 195-198).
[42] Josuttis, Gesetz und Evangelium, S. 155 (Hervorhebung im Original).

Glauben zu leben[43]. Die „Heiligung hat die Rechtfertigung zur Voraussetzung und das Dasein in dieser Welt unter der Sünde zur Bedingung und ist der Vollzug des Glaubensgehorsams in dem als Liebe bezeichneten Tun des Glaubens"[44].

5. Daraus folgt für die paränetische Predigt: Jede paränetische Predigt, die dem Evangelium entspricht, muss in ihrer theologischen Begründung, in ihrem sachlichen Gehalt und in ihrer sprachlichen Gestalt erkennen lassen, dass der Indikativ den Imperativ aus sich heraussetzt, ihn begründet und trägt. Der Indikativ ist nicht ein Vorwort für das Eigentliche, für den Imperativ, sondern dessen Basis und Kraftquelle. Ansonsten wird die paränetische Predigt gesetzlich verfälscht.

Wegen dieser grundlegend veränderten Voraussetzung spreche ich nicht von einem „dritten Gebrauch des Gesetzes", sondern nehme die neutestamentliche Begrifflichkeit auf und spreche von einer paränetischen bzw. parakletischen Predigt.

4.2 Einige Merkmale biblischer Paraklese

1. Zunächst ist auf die Bedeutungsbreite des griechischen Wortes „Paraklese" hinzuweisen. In unseren deutschen Übersetzungen wird Paraklese häufig mit „Ermahnung" bzw. „ermahnen" übersetzt. Doch das biblische Wort Paraklese meint mehr, als unser deutsches Wortverständnis bei „Ermahnung" assoziiert. Bei Paraklese geht es um besorgten Zuspruch, um Bitte, um Mahnung, um Trost, um Ermutigung.[45]

2. Paraklese als Bitte ist am eindrucksvollsten in 2. Korinther 5,20 ausgedrückt. Paulus bittet: „Lasst euch versöhnen mit Gott." Er bittet in der „Autorität des bittenden Christus"[46]. Die Bitte drängelt und be-

---

[43] Vgl. Oswald Bayer, Aus Glauben leben. Über Rechtfertigung und Heiligung, Stuttgart 1984.

[44] Ernst Wolf, Die Rechtfertigungslehre als Mitte und Grenze reformatorischer Theologie; in: ders., Peregrinatio II, München 1965, S. 11-21, hier S. 20.

[45] Vgl. J. Thomas, Art. „parakaleo"; in: EWNT 2, Stuttgart ²1992, S. 54-64.

[46] Vgl. Eberhard Jüngel, Die Autorität des bittenden Christus; in: ders., Unterwegs zur Sache, München 1972, S. 179-188.

drückt nicht. Sie hat etwas Zurückhaltendes. Aber die Bitte ist alles andere als neutral. Bitte ich einen anderen Menschen, dann liegt mir viel daran, dass er meiner Bitte folgt. Aber ich gebe ihn mit seiner Antwort frei; bittend verzichte ich auf Mittel der Gewalt und des psychischen Drucks.

3. Häufig ist die Paraklese verbunden mit Dank und Fürbitte. Paulus dankt und betet erst für diejenigen, die er später in seinen Briefen ermutigt oder ermahnt. Das zeigen die Einleitungen seiner Briefe.[47] Dadurch gewinnt er eine geistliche Perspektive für die Gemeinde. Bei allem, was er später ansprechen und korrigieren muss, sieht er die, die er ermahnt, als Schwestern und Brüder, an denen Christus sein Werk getan hat und tut – und das heißt: Er sieht sie als Gemeinde Jesu Christi.

4. Gelegentlich stellt der Apostel sich selbst unter die Ermahnung, indem er sie im „wir" formuliert: „Lasst uns ..." (Röm 13,13). Das zeigt: Die Ermahnung gilt nicht nur anderen, sondern auch ihm.

5. Parakletische Predigt ringt um Menschen. Es gibt Situationen, in denen wir uns in das Leben anderer einzumischen haben. Wenn sie in ihr Unglück rennen oder in der Gefahr stehen, schwere Fehler zu begehen. Wer dann mit sehenden Augen nichts sagt, zeigt damit, dass ihm diese Menschen gleichgültig sind.

6. Für biblisches Ermahnen gilt: Christus fordert nur, was er selber gibt, wofür er die nötige Kraft austeilt. *Ermahnt wird, die empfangenen Gaben zu leben, nicht sie zu schaffen.* Das zeigt etwa die Rede von der Frucht des Geistes, die der Heilige Geist in und an Christen bewirkt (Gal 5,22). Wir sollen als Christen sein, was wir durch Christus sind.

4.3 Die gesetzliche Verfälschung der Paränese

Auch die paränetische Predigt steht in der Gefahr, gesetzlich verfälscht zu werden. Einige Varianten einer gesetzlich verfälschten Paränese möchte ich kurz skizzieren:

---

[47] Vgl. zum Beispiel: 1Thess 1; 1Kor 1,4-9.

4.3.1 Der Imperativ als Werk des Menschen[48]

Neutestamentliche Paränese ist in der Folge von Indikativ und Imperativ begründet. Diese Folge wird heute häufig als Aufbauschema für Predigten gebraucht. Aber damit ist man noch nicht vor Gesetzlichkeit geschützt. Denn allzu leicht gerät man im Schematismus von Indikativ und Imperativ in die Bahnen der pietistischen Parole: „Das tat Gott für dich – was tust du für ihn?"

Bei einer stereotypen Verwendung dieses Schemas besteht die Gefahr, dass der Indikativ mit dem Handeln Gottes und der Imperativ mit dem Werk des Menschen gleichgesetzt werden. Vergessen wird, dass auch die Heiligung des Menschen Gottes Werk ist. Die Gefahr wird umso größer, wenn in dem Teil der Predigt, die den Imperativ entfaltet, der Indikativ so gut wie nicht mehr vorkommt. Der Indikativ wirkt dann wie ein Vorwort, während der Imperativ die eigentliche Botschaft der Predigt enthält. Gesetzliche Paränese löst die Handlungsanweisungen (Imperative) von ihrer Kraftquelle (dem Indikativ). Die geforderte Handlung wird zur Pflichterfüllung, die ich als ein guter Christ aufzubringen habe.

4.3.2 Häufung der Imperative

Es gibt Prediger, die sich durch den imperativischen Charakter der biblischen Ermahnungen zu einer mit Appellen und Aufforderungen gespickten Rede verleiten lassen. „Die Sucht nach dem Imperativ feiert Triumphe. ... Gerade am Ende der Predigt muss manche Ausleger eine fast panische Angst überfallen, sie könnten ihre Zuhörer auch einmal ohne Forderung und Ermahnung in den Alltag entlassen."[49]

Nicht dass die Gemeinde in einer Predigt zum Handeln aufgefordert wird, ist gesetzlich, sondern dass die Häufung der Imperative die Gemeinde nicht motiviert, sondern erschlägt. Und indem der Predigende nicht zeigt, wie eine solche Aufforderung konkret gelebt werden kann, lässt er die Gemeinde mit den Imperativen allein.

---

[48] Vgl. Josuttis, Gesetz und Evangelium, S. 114ff.
[49] Josuttis, Gesetz und Evangelium, S. 114 u. S. 117.

4.3.3 Gesetzlichkeit durch Überforderung

Die Paränese des Neuen Testaments richtet sich an Christen. Wenn nun in unseren Gottesdiensten Menschen, die im biblischen Sinn keine Christen sind, als solche behandelt werden, werden diese Ermahnungen sie überfordern. Ermahnungen, die auf die Seite des Evangeliums gehören, müssen gesetzlich missverstanden werden, wenn Menschen, die keine Christen sind, ermahnt werden, als seien sie welche.

4.3.4 Überforderung durch eine falsche Forderung

Eine falsche Forderung lässt sich entweder daran erkennen, „dass sie etwas fordert, was die Gemeinde nicht erfüllen kann"[50], oder es handelt sich bei der falschen Forderung um ein menschliches Gesetz, aber nicht um den Willen Gottes.

Michael Herbst berichtet dazu von folgender Begebenheit. Als Krankenhausseelsorger hat er eine alte Dame kurz vor einer bevorstehenden Operation besucht. Nach einer kurzen Andacht zu Johannes 16,33: „In der Welt habt ihr Angst, aber seid getrost, ich habe die Welt überwunden" sagte er zu der Patientin, dass ihre Angst vor der Operation nichts Schlimmes sei. Die alte Dame reagierte daraufhin erstaunt und meinte, „als Christin dürfe (!) sie doch ‚im Grunde' (!) keine Angst haben, sondern müsse gefasst und zuversichtlich sein"[51]. Welche Verkündigung und Seelsorge hatten in der Frau diese Auffassung geprägt? Biblisch ist sie jedenfalls nicht.

4.4 Zur Konkretheit paränetischer Predigtpassagen

„Der Mangel an Konkretheit ist nicht nur im Blick auf das Tun Gottes zu vermerken, auch wenn es ... um die Konsequenzen des Glaubens,

---

[50] Herbst/Schneider, ... wir predigen nicht uns selbst, S. 120.
[51] Herbst/Schneider, ... wir predigen nicht uns selbst, S. 120.

um die Heiligung im Alltag geht, ist eine gewisse Allgemeinheit der Rede nicht zu übersehen."[52] Diese Bestandsaufnahme von Michael Herbst trifft für viele Predigten zu. Bei ersten Predigten von Studenten im Homiletik-Seminar ist das verständlich, bei gemeindlichen Predigten aber ist das fatal.

Die neutestamentliche Paränese enthält nicht nur allgemeine Aufforderungen, sondern sie wird gelegentlich sehr konkret gefüllt (vgl. zum Beispiel 1Thess 4,1-12). Was entspricht dem neuen Leben in Christus, was widerspricht ihm? Vor diesem wird mahnend gewarnt und zu jenem wird positiv ermutigt.

Nun stellt die konkrete Paränese den Prediger in der Praxis vor erhebliche Schwierigkeiten. „Die treffende Konkretion für eine ganze Gemeinde ist nämlich in den meisten Fällen unmöglich."[53] Es gibt nur wenige Situationen, die an alle Menschen die gleiche Forderung stellen. Meistens muss, was verlangt und geboten ist, nicht nur ins Einzelne hinein, sondern auch auf den Einzelnen bezogen formuliert werden, wenn man nicht der Gefahr der Gesetzlichkeit verfallen will. Wegen dieser Schwierigkeiten plädiert Josuttis dafür, „die Anwendung des Gesagten ... dem Hörer zu überlassen"[54].

Die von Josuttis geäußerten Bedenken sind ernst zu nehmen, auch wenn man daraus eine andere Folgerung zieht. Jedenfalls verbieten sich vorschnelle und verallgemeinernde Anweisungen und Appelle. Diese werden der unterschiedlichen Lebenssituation der Hörerinnen und Hörer nicht gerecht.

Andererseits benötigen die Hörerinnen und Hörer konkrete Anregungen, *wie* der Glaube Gestalt gewinnen kann – nicht als pauschale Handlungsanweisung, sondern als *exemplarisches Beispiel*, das zeigt, wie Glaube gelebt werden kann. Von einer amerikanischen Theologin habe ich folgenden Rat gelesen: „Wann immer du den Leuten sagst, was sie tun sollen, sag ihnen auch, *wie* sie das bewerkstelligen können! Tell them how!"[55]

---

[52] Herbst/Schneider, ... wir predigen nicht uns selbst, S. 123.
[53] Josuttis, Gesetz und Evangelium, S. 166.
[54] Josuttis, Gesetz und Evangelium, S. 166.
[55] Zitiert nach Eickhoff, Predigt beurteilen, S. 193.

Damit die konkreten Passagen der Predigt nicht gesetzlich verfälscht werden, sind folgende Anregungen beachtenswert:

Um konkret predigen zu können, ist eine intensive Beziehung des Predigenden zur Gemeinde wichtig, damit er weiß, an welchen Stellen Gott durch das biblische Wort bei Einzelnen und der Gemeinde Veränderungen bewirken will. Ebenso wichtig ist das Gebet um die Gabe der Unterscheidung zwischen dem, was ich immer schon mal der Gemeinde sagen wollte, und dem, was Gott ihr sagen möchte.

4.4.1 Wie kann eine paränetische Predigt aussehen, die Hörer nicht hoffnungslos überfordert?[56]

Wichtig ist, dass ein ethisches Problem präzise angesprochen und genau analysiert wird. Dazu benötige ich Sachverstand. Bin ich nicht kundig, muss ich mich kundig machen oder ich schweige besser zu diesem Thema. Außerdem sollte ich wissen, was zu diesem Thema in der Gemeinde gedacht wird und warum dieses Thema für die Gemeinde relevant ist.

Um konkret zu werden, wähle ich vielleicht ein Fallbeispiel. Das Fallbeispiel soll nicht dazu dienen, der Gemeinde ein schlechtes Gewissen zu machen, sondern es dient der Verdeutlichung: Es zeigt eine ethische Konfliktsituation und wie in diesem Fall mit dieser Konfliktsituation umgegangen wird. Dabei muss deutlich werden: Es handelt sich um einen kleinen Ausschnitt der Wirklichkeit und nicht um das Ganze. Auf keinen Fall darf ich dieses exemplarische Fallbeispiel normativ für alle machen. Aber ich kann an einem kleinen Ausschnitt zeigen, wie aus der Kraft Christi Glaube im Alltag gelebt werden kann.

---

[56] Vgl. auch Herbst/Schneider, ... wir predigen nicht uns selbst, S. 123f.

4.4.2 Kriterien, um konkrete Handlungsanweisungen zu überprüfen

1. *Eine ethische Weisung muss prinzipiell erfüllbar sein.*[57]
Wie aber soll ich mich zu einer Aufforderung wie dieser verhalten: „Wir müssen uns in der Stille mehr Gott öffnen." Ich frage: Kann ich das? Kann *ich* mich für Gott öffnen? Ich kann dafür sorgen, dass ich der Stille in meinem Leben mehr Zeit und Platz einräume. Dass ich aber in der Stille für Gott offen werde, das bewirkt Gottes Geist in mir. Die Weisung überfordert die Hörer, weil sie so nicht erfüllbar ist. Bei dem zitierten Beispiel wird nicht klar unterschieden zwischen dem, was Gott tut, und dem, was wir Menschen tun können und sollen.

2. Ein zweites Kriterium ist, *ob die Erfüllbarkeit der Weisung auch allen Hörerinnen und Hörern einsichtig ist.*[58]
Ich zitiere ein Beispiel: „Wir alle müssen daran arbeiten, dass die Kluft zwischen Arm und Reich kleiner wird."
Diese Forderung ist prinzipiell für jedes Gemeindeglied erfüllbar. Aber die Erfüllung wird für verschiedene Gemeindeglieder unterschiedlich aussehen: Für einen Empfänger von Hartz IV bedeutet das etwas anderes als für jemanden, der seinen politischen oder wirtschaftlichen Einfluss geltend machen kann. Hier wäre ich als Hörer dankbar, wenn der Predigende nicht „wir alle" sagt, sondern mir einige konkrete Anregungen gibt, wie ich diese Weisung konkret mit Leben füllen kann. Wird mir dies an ein oder zwei Beispielen gezeigt, wird mir die Übertragung in meinen Lebenskontext leichter gelingen.
Eine Forderung ohne Konkretion erzeugt im Übrigen häufig das Gegenteil des Erwünschten: Sie leitet nicht zum Tun an, sondern lähmt. Weil nicht das Fragment, das ich tun könnte, gezeigt wurde, sondern ich vor eine totale Forderung gestellt wurde, die ich niemals tun kann und auch nicht tun soll, darum tue ich am Ende – nichts. So wird nicht zum Handeln angeregt und ermutigt, sondern bei vielen Hörern bleibt der Eindruck eines schlechten Gewissens übrig.

---

[57] Vgl. Bukowski, Predigt wahrnehmen, S. 104.
[58] Vgl. Bukowski, Predigt wahrnehmen, S. 105.

3. Wer eine ethische Weisung gibt, muss die Konsequenzen bedacht ha-
ben, die sich für den ergeben, der diese Weisung zu befolgen beabsich-
tigt.[59]
Bei manchen Weisungen drängt sich der Verdacht auf, dass Predigende von der stillschweigenden Voraussetzung ausgehen, ihre Weisungen blieben ohnehin wirkungslos – und dann lauten sie entsprechend. Gegen Ende einer Weihnachtspredigt heißt es: „Ein erster
Schritt wäre es, wenn wir gleich auf dem Weg nach Hause einen ein-
samen Menschen mitnähmen, ihn zum Fest einlüden und unsere
Weihnachtsfreude mit ihm teilten."[60] Ob der Prediger sich seine Weisung einmal bildlich vorgestellt hat? Ob er das, was er von anderen
fordert, einmal selber ausprobiert hat? Der Konjunktiv lässt erkennen,
was der Prediger von seiner Weisung hält – nämlich wenig.

4. Wer die Konsequenzen seiner Weisungen bedenkt und ernst nimmt,
dem geht auf, dass *die Befolgung der Weisung manchen Hörer und*
manche Hörerin weit mehr abverlangt als dem Predigenden selbst.
Mich kostet ein Tischgebet allenfalls ein Quäntchen geistliche Diszip-
lin, aber den, der in einer Werkskantine isst, eine gehörige Portion Zi-
vilcourage und für diejenige, die in einer nicht christlichen Familie zu
Hause ist, ergibt sich möglicherweise eine schwierige Auseinandersetzung.
Die Konsequenzen zu bedenken zielt nicht darauf, deswegen auf
konkrete ethische Weisungen zu verzichten. Aber unseren Predigten
sollte abzuspüren sein, dass wir die im Blick behalten, denen wir unsere Weisungen zumuten. *Unser Predigen soll geprägt sein von dem*
Respekt vor dem oftmals viel schwierigeren Lebenskontext, in dem un-
sere Gemeindeglieder ihr Christsein zu gestalten und zu bewähren ha-
ben.

Eine letzte Bemerkung: Konkret predigen kostet Zeit. Wer konkret redet, wird die Fülle der Predigtgedanken reduzieren müssen. Anderer-

---

[59] Vgl. Bukowski, Predigt wahrnehmen, S. 106f.
[60] Zitiert nach Bukowski, Predigt wahrnehmen, S. 107.

seits bringt konkretes Predigen einen Gewinn für die Gemeinde: „Wer die Fülle der Gedanken reduziert, gewinnt an Gründlichkeit, Anschaulichkeit und Lebendigkeit."[61]

5. Schluss

Ich bin in diesem Aufsatz einen weiten Weg gegangen von der grundlegenden Unterscheidung von Gesetz und Evangelium bis zu konkreten Folgerungen für unsere Predigtpraxis. Mir ist bei der Beschäftigung mit diesem Thema – wieder einmal – aufgegangen, wie sehr ich ein lernender Prediger bin, der sowohl dem Evangelium als auch den Hörern gegenüber manches schuldig bleibe. Dabei tröstet mich das Evangelium, dass ich mit meiner fragmentarischen und unzulänglichen Predigtpraxis trotzdem von Gott geliebt und angenommen bin. Zugleich ermutigt mich das Evangelium, mich durch die aufgezeigten Kriterien anregen zu lassen, meine Predigtpraxis zu verbessern, um Gottes Zuspruch und Anspruch klar und rein an Menschen zu verkündigen, mit der Wirkung, die Gott allein schenkt, dass sie fröhlich glauben und dankbar handeln.

[61] Bukowski, Predigt wahrnehmen, S. 110.

Seelsorge in der Spannung
von Zuspruch und Anspruch

Stephan Noesser

1. Einleitung

„Ich muss härter durchgreifen. Gott selbst ist eigentlich das beste Beispiel. Der Gott der Bibel begegnet seinen Kindern – den Menschen – mit Gerechtigkeit und Gnade. Gut und schön, nur stimmt das Verhältnis bei mir leider nicht; ich bin zu zehn Prozent Gerechtigkeit und zu neunzig Prozent Gnade. Hätte ich im Garten Eden etwas zu sagen gehabt, wären Adam und Eva nach dem dritten Fehltritt scherzhaft getadelt, nach dem vierten streng verwarnt und nach dem fünften ohne Abendbrot ins Bett geschickt worden. Gott hingegen setzte sie einfach vor die Tür. Zwar gewandete er sie zum Zeichen seines Mitgefühls in ‚Röcke aus Fellen‘, aber vor die Tür setzte er sie trotzdem.“[1]

Dieser köstliche Ausspruch von A. J. Jacobs, der sich wohl in einer Mischung aus frivoler Unbekümmertheit und – hoffentlich – einem Schuss Selbstironie für gnädiger hält als Gott selbst, steht in seinem 2008 erschienenen Buch mit dem für sich selbst sprechenden deutschen Titel „Die Bibel & ich. Von einem der auszog, das Buch der Bücher wortwörtlich zu nehmen"[2]. Ich lese das Begriffspaar „Gerechtigkeit und Gnade" hier von unserem Thema „Gesetz und Evangelium" her. Denn Jacobs versteht meines Erachtens Gerechtigkeit Gottes hier

---

[1] A. J. Jacobs, Die Bibel & ich. Von einem, der auszog, das Buch der Bücher wortwörtlich zu nehmen, Berlin 2008, S. 60.
[2] Fairerweise sei gesagt, dass der amerikanische Originaltitel „The Year of Living Biblically" lautet.

127

als richtende Gerechtigkeit bzw. als Dimension des Gesetzes und bestimmt das Verhältnis von Gesetz und Evangelium unreflektiert mit „Fifty-Fifty".

Dieses Buch beweist nicht nur, dass es Menschen gibt – in diesem Falle ist es ein „liberaler Großstadtagnostiker"[3] –, die sich ein ganzes Jahr lang intensiv mit der Bibel beschäftigen, ohne existentiell vom Zuspruch oder Anspruch Gottes getroffen zu werden. Das Zitat aus diesem Buch beweist darüber hinaus auch anschaulich, dass es Menschen gibt, die gefühlsmäßig und denkerisch keine Probleme haben, das Verhältnis von Gesetz und Evangelium rein quantitativ und damit als ein bloßes Nebeneinander zu bestimmen. Ich nehme aber leider auch deutlich wahr, dass viele unserer Gemeindemitglieder ebenfalls eine rein quantitative Verhältnisbestimmung für ausreichend halten. Das äußert sich dann in der meist unterschwellig artikulierten Erwartung an uns, wir sollten doch mal endlich wieder richtig über die Hölle predigen. Dann wisse man wenigstens, woran man sei. Ich glaube, eine Berufung zum Theologietreiben habe ich in dem Moment, in dem mich die Aufgabe der angemessenen Verhältnisbestimmung von Gesetz und Evangelium existentiell umzutreiben beginnt, weil ich begreife, dass es hier mit bloßen Quantitäten nicht getan ist.[4]

Ich verstehe es also als meine Aufgabe, hier einen Beitrag zur sachgemäßen Unterscheidung und Zuordnung von Gesetz und Evangelium *aus seelsorglicher Praxis* zu leisten. Denn es gibt Stimmen praktischer Theologen (z. B. Hermann Eberhardt)[5], die den jahrhundertealten dogmatischen Streit um diese Formel längst für überholt und nur dann für lösbar halten, wenn endlich wahrgenommen würde, dass es hier um ein „Ineinander von theologischen und psychologi-

---

[3] So die Süddeutsche Zeitung über Jacobs (Nr. 216, S. 16).

[4] Luther hielt die rechte Verhältnisbestimmung bekanntlich für das schwierigste aller theologischen Probleme und wollte nur den als rechten Theologen anerkennen, der diese Unterscheidung zu machen weiß. Vgl. seine Schrift „de servo arbitrio".

[5] Hermann Eberhardt, Praktische Seelsorge-Theologie. Entwurf einer Seelsorgelehre im Horizont von Bibel und Erfahrung, Bielefeld 1993, S. 149. Eberhardt meint, diese Formel stehe für ein „Dilemma überholter einliniger Geistestradition", das sich sofort erübrige, wenn das „Ineinander von theologischen und psychologischen Fragestellungen im Umgang mit dem Tatbestand und der Rede von der Sünde" wahrgenommen werde.

schen Fragestellungen gehe". Aber auch ein Systematiker wie Hans-Martin Barth meint, wir Theologen hätten die Lösung einer angemessenen Verhältnisbestimmung künstlich verlängert, weil wir nicht in der Lage seien, im theologischen Diskurs gegenseitig sensibel auf unsere Argumente zu hören.[6] Gibt es also vielleicht doch einen Beitrag der praktischen Theologie zu diesem theoretischen Diskurs?

Die Einschätzungen von Eberhardt und Barth bringen mich hier zu der herzlichen Bitte, auch dann noch weiterzulesen, wo ich psychologisch, ja noch „schlimmer": psychotherapeutisch argumentiere.

2. Begriffsklärungen: Seelsorge, Anspruch und Zuspruch

2.1 Seelsorgeverständnis

Als Kreisseelsorgebeauftragter verstehe ich gemäß der Konzeption, die wir uns als Rheinischer Kreis 2007 für unsere Seelsorgearbeit im Kreis gegeben haben, *Seelsorge* im Sinne Friedhelm Stichts als „Lebenshilfe", der mit dieser Bestimmung die Unterscheidung von Lebens- und Glaubenshilfe in der Seelsorgelehre überwinden möchte. Sticht möchte die „ganz allgemeinen Gespräche und Begegnungen mit Menschen nicht ohne das Dabeisein mit Jesus geschehen" lassen und verwahrt sich gegen eine Zäsur zwischen Beratung/Therapie und dem seelsorglichen Gespräch".[7] Folge ich dieser Linie als Therapeut, so ist es durchaus sinnvoll, „das überkommene Hilfswissenschafts-Paradigma im Verhältnis von Seelsorge und Psychologie/Psychotherapie" aufzulösen und es „in das neue Paradigma prinzipiell voneinander unabhängiger, aber freiwillig aufeinander bezogener helfender

---

[6] Hans-Martin Barth, Gesetz und Evangelium I. Systematisch-theologisch; in: TRE 13, S. 126-142, hier S. 136.
[7] Friedhelm Sticht, Seelsorge – ganzheitlich, anschaulich, praxisorientiert, Gießen 1999, S. 24.

Wissenschaften" zu überführen.[8] Dabei sollte ganz klar sein, dass beiden Disziplinen unterschiedliche Weltanschauungen und Menschenbilder zugrunde liegen.

Als Pastor und Seelsorger kann ich aber andererseits gar nicht anders, als mit Michael Dieterich, dem Begründer der BTS, Seelsorge als „Überbegriff und Psychotherapie eine Teilmenge dieser ganzheitlichen Aufgabe"[9] zu verstehen.

Ich selber sehe die Berührung von Seelsorge und Psychotherapie vor allem in dem Zusammenhang von Heil und Heilung als Beziehungsgeschehen gegeben. Durch Beziehung werden wir krank und durch Beziehung wieder gesund. Es ist meines Wissens auch Stichts Verdienst, Sünde vor allem als Beziehungsstörung in der Seelsorgelehre erschlossen zu haben. Neu wird der Mensch, insofern er als Beziehungswesen in und durch die Beziehung zu Jesus Christus eine Umwandlung erfährt.[10]

2.2 Verständnis von Zuspruch und Anspruch als Evangelium und Gesetz

Ferner verstehe ich Zuspruch hier als Zuspruch des Evangeliums Jesu Christi. „An Christus glauben heißt nicht die historia Christi für wahr halten, sondern in ihm Gottes befreiendes Wort erfahren."[11] Anspruch verstehe ich hier als Anspruch des göttlichen Gesetzes, unter den der

[8] Martina Plieth, Die Seele wahrnehmen. Zur Geistesgeschichte des Verhältnisses von Seelsorge und Psychologie, Göttingen 1994. – Andere Erläuterungen müssten hier folgen, seien aber aus Zeitgründen nur angedeutet: Seelsorge ist für mich „eine der Ausdrucksgestalten der Kommunikation des Evangeliums in der Kirche". Seelsorge ist „Lebensbegleitung und Lebensdeutung im Horizont des christlichen Glaubens", aber auch „ein Charisma und eine Aufgabe der ganzen christlichen Gemeinde" (Michael Klessmann, Pastoralpsychologie. Ein Lehrbuch, Neukirchen-Vluyn 2004, S. 407).
[9] Michael Dieterich, Einführung in die allgemeine Psychotherapie und Seelsorge, Wuppertal 2001, S. 12. Holger Eschmann, Theologie der Seelsorge. Grundlagen, Konkretionen, Perspektiven, Neukirchen-Vluyn 2000, S. 18.
[10] Vgl. Wilfried Härle, Dogmatik, Berlin ³2007, S. 502ff.
[11] Wilfried Joest, Dogmatik Bd. II. Der Weg Gottes mit dem Menschen, Göttingen ²1990, S. 492.

130

Mensch von Gott gestellt ist. Zwar hat das Gesetz seine Heilsbedeutung verloren, aber es ist als *usus elenchticus* auch für den Glaubenden ein wichtiger Spiegel. Dieses Gesetz begegnet uns nicht nur im Alten Testament, sondern in Jesus Christus. Denn im Handeln und der Lehre Jesu sehe ich Gottes Gesetz in seiner das Innerste und Ganze des Menschen treffenden Tiefe. „In Jesus Christus ist uns Gottes gebietender Wille kundgetan, zusammengefasst im Gebot der Liebe."[12]

Ich frage von der Praxis der Seelsorge herkommend nach der Relevanz der alten Formel „Gesetz und Evangelium" und danach, ob diese großartige Formel bereits das Ganze erfasst und nicht doch ergänzungsbedürftig ist.

Es geht bei mir nicht nur um den Zuspruch des Wortes Gottes, sondern es geht darum, wie ich diesen Zuspruch im Verlaufe eines Gesprächsprozesses oder einer menschlichen Begegnung weitergeben kann.

3. Beispiele für die Allgegenwärtigkeit und Aktualität der Thematik „Gesetz und Evangelium"

Unser Thema scheint allgegenwärtig. So gibt es unberechtigte Ansprüche, berechtigte Ansprüche, unberechtigten Zuspruch (Bonhoeffer: „billige Gnade") und unpassenden Zuspruch. Es gibt fragwürdige und gesunde Ansprüchlichkeiten. Im Folgenden möchte ich einige Beispiele nennen.

3.1 Unberechtiger Anspruch

Wenn ein ursprünglicher Zuspruch des Evangeliums unter der Hand zum Anspruch wird, ist „Gefahr im Verzug". Ein solcher Fall ist mei-

---

[12] Joest, Dogmatik, S. 510.

nes Erachtens gegeben, wenn die Volxbibel den „Tag, der nahe herbei-
gekommen ist", insofern „unser Heil (*soteria*) jetzt näher ist als zu der
Zeit, da wir gläubig wurden" (Römer 13,11-12), mit „Tag der großen
Abrechnung" wiedergibt. Die Interpretation der Volxbibel verkehrt
hier die Heilsankündigung zur Unheilsankündigung.

3.2 Berechtiger Anspruch

Ich halte es für berechtigt, in einem Gottesdienst den Zuhörern einen
Bibeltext zuzumuten, auch dann, wenn der Gottesdienst ein Gästegot-
tesdienst ist.

3.3 Unberechtigter Zuspruch ohne Anspruch ("billige Gnade")

Ist bei der Losung für das Jahr 2009 das Herauslösen des Textes „Was
den Menschen unmöglich ist, ist möglich bei Gott." aus seinem Kontext (das harte Wort Jesu: eher geht ein Kamel durchs Nadelöhr) legitim? Ich persönlich denke: Nein! Denn sonst besteht die Gefahr, dass
wir den Anspruch Jesu verharmlosen, noch bevor seine Tragweite
deutlich geworden ist.

3.4 Unpassender Zuspruch

Kurz vor dem Einzug ins neue Gemeindezentrum habe ich mich im
Januar 2009 zu Exerzitien zurückgezogen und meiner Frau als Leite-
rin des Bauausschusses die Arbeit überlassen. Ich habe ihr eine Karte
aus dem Kloster geschrieben: „Arbeite nicht nur, ruh Dich auch mal
aus!" Das kam nicht gut an! Meine Frau sagte später: „Ich hatte den
Eindruck, die Erholung auch noch leisten zu müssen …"

3.5 Fragwürdige Ansprüchlichkeit

Manchmal wird eine hintergründige Haltung deutlich, die ich einmal Ansprüchlichkeit nennen möchte. Bei der Auswahl des Predigttextes für den ersten Gottesdienst in unserem neuen Gemeindezentrum habe ich Jesaja 66,1 ausgewählt: „Was ist denn das für ein Haus, das ihr mir bauen könntet ...". Ich war sehr dankbar, dass mich meine Kollegin Petra stoppte. Selbstkritisch muss ich mich fragen: Was offenbart das für eine Haltung, wenn ich als Pastor der Gemeinde im Augenblick großer Freude kritisch werde?

3.6 Gesunde Ansprüchlichkeit

Einer Frau gab ich nach dem Glaubensgrundkurs eine Jahreslosung. Sie ist ein Mensch auf dem Weg zu Christus. Die Losung regelmäßig zu lesen, den Tag mit Gebet und Bibellesung zu beginnen, ist ja auch ein Anspruch. Fulbert Steffensky sagt dazu in seinem Buch „Schwarzbrotspiritualität": „Es ist Arbeit .... Meditieren, Beten, Lesen sind Bildungsvorgänge. Bildung ist ein langfristiges Unternehmen."[13] Ist dieser Anspruch falsch? Nein, es ist richtig, an einen Menschen auf dem Weg zu Christus solche Ansprüche zu stellen. Solche Gesetzmäßigkeiten und Regeln brauchen wir. Romano Guardini hat ferner vor vielen Jahren darauf hingewiesen, dass wir Menschen für die Dauer ein „hohes Maß guter Kultur" brauchen, weil wir nicht fortwährend begeistert sein können.[14] Dieses „hohes Maß guter Kultur" im geistlichen Leben ist gesunde Ansprüchlichkeit.

Was als Zuspruch gemeint ist, auch als Zuspruch des Evangeliums, gerät manches Mal zum Anspruch. Mancher Anspruch wiederum wird zum Zuspruch (wie die Lektüre der täglichen Losungen). Manchmal haben wir noch zu wenig Problembewusstsein dafür, warum und wie das passiert. So ist unsere Vision als Bund Freier evange-

---

[13] Fulbert Steffensky, Schwarzbrotspiritualität, Stuttgart 2006, S. 21.
[14] Romano Guardini, Vom Geist der Liturgie, Freiburg 1953, S. 39.

lischer Gemeinden „hundert Gemeinden in zehn Jahren" für viele von
uns sicherlich eine ganz positive und notwendige Herausforderung,
ein Ziel, das uns das Evangelium mehr oder minder vorgibt, also ein
gesunder Anspruch. Für manche ist diese Vision aber auch ein Anspruch, der ohne Zuspruch belastet. So wurde für mich der Zuspruch
einer Andacht im Pastorenkreis neulich zur Zumutung, weil davon die
Rede war, uns müsse die geringe Zahl der Bekehrten pro Jahr und Tag
in unserem Bund schlaflos machen. Hier schien der „Burnout" vor-
programmiert.

Da es aber nicht um bloße Beispiel für den Konflikt bzw. eine Ver-
wechslung von Gesetz und Evangelium geht, sondern um deren sachgemäße Unterscheidung und Zuordnung, möchte ich ein sogenanntes
Verbatim, ein Gesprächsprotokoll, untersuchen, das einen Seelsorge-
prozess ansatzhaft empirisch überprüfbar macht.[15] Es soll das Verhältnis von Gesetz und Evangelium im Prozess abbilden und reflektieren.

4. Verbatim: Anspruch und Zuspruch im Gesprächsprozess

Eine Frau sitzt mir gegenüber. Sie öffne, was sie sage, nach vielen
Jahren zum ersten Mal. Mit leiser, tonloser Stimme erzählt sie, wie sie
infolge langjährigen Missbrauches in früher Kindheit durch einen
Verwandten in späteren Jahren ein Doppelleben begonnen habe. Sie
empfinde ihre gute bürgerliche Existenz, ihre Ehe und ihre Familie,
ihr Haus und alles, was daran hinge, als Fassade. In Wirklichkeit sei
sie ein verworfenes Geschöpf, das sich selbst aufgrund ihrer Schlech-
tigkeit die Erlaubnis für ein ganz anderes Leben gegeben habe. Sie
habe ihre äußere Fassade mühsam aufgebaut und konstruiert. Ihr
wirkliches Leben kenne bislang niemand.

Dann klagt sie sich an für den erlebten Missbrauch. Sie habe sich
nicht gewehrt und „Situationen geschaffen, die der andere als Zustim-

---

[15] Der Pastoralpsychologe Dietrich Stollberg hat diesen Ansatz des *Verbatims* der
Seelsorgebewegung, die mit Gesprächsprotokollen arbeitet, entfaltet auf der Theo-
rieebene mit seiner Definition von Seelsorge als „Psychotherapie im kirchlichen
Kontext", deren Proprium die theologische Deutung ist. Vgl. Dietrich Stollberg,
Wahrnehmen und Annehmen. Seelsorge in Theorie und Praxis, Gütersloh 1978.

mung auffassen konnte". Durch die vermeintliche Liebe des Verwandten habe sie sich bestätigt und gebraucht gefühlt. Das habe sie am Leben erhalten. Sie habe „kein Recht zu leben"! Es sei ihr unmöglich zu glauben, dass sie genauso wertvoll wie andere Menschen sei.

Ihre Kinder habe sie mit aller Liebe erzogen. Es sei ihr aber nur mit größerer innerer Anstrengung gelungen, ihnen Vertrauen zum Leben zu vermitteln, das sie selber nicht habe.

Mit Wertschätzung könne sie nicht umgehen. Und sie könne sich auch nicht fallenlassen, denn dann habe sie Angst, die Kontrolle über ihr so sorgsam konstruiertes Leben zu verlieren. Als sie vom Missbrauch spricht, meidet sie aus Scham den Blickkontakt. Sie fühle die Gefühle von damals gegenüber sich selbst, sagt sie, „Übelkeit und Abscheu".

Als ich ihr eindringlich zu vermitteln suche, sie sei Opfer und nicht Täter, und sich als Mittäterin zu bezichtigen, entspreche in keiner Weise dem von ihr beschriebenen Sachverhalt, kann sie das offensichtlich nur schwer hören. Daraufhin erläutere ich ihr ausführlicher, es könne natürlich sein, dass ein Opfer infolge des an ihm geschehenen Unrechts an anderen Menschen zum Täter werde. Aber deshalb bleibe sie bezogen auf den Missbrauch ausschließlich Opfer. Sich der diesbezüglichen Mittäterschaft anzuklagen, sei absurd.

In einem Folgegespräch erläutert sie mir, wie in der letzten Sitzung etwas ganz Großes passiert sei. Sie habe erstmals so etwas wie ein „Fundament im Leben" gespürt und eine Ahnung davon entwickelt, was es heiße, leben zu dürfen. Aber dann, als ich von ihrer möglichen, späteren Täterschaft im Leben gegenüber anderen Menschen gesprochen habe, habe „dieses Fundament Risse bekommen".

Dieses Feedback habe ich innerlich zerknirscht gehört. Nach der Sitzung hatte ich mir nämlich einen Vorwurf gemacht: „Du bist zu schnell vorgegangen, diese wunderbare Erfahrung, freigesprochen zu werden vom chronischen Vorwurf der Mitschuld am Missbrauch, hätte Zeit gebraucht zu wirken. Sie hat begonnen, das zu verstehen, aber du hast – statt innezuhalten – weitergeredet."

In einem weiteren Gespräch legt sie offen, dass Wertschätzung ihr gegenüber wenig Zweck habe, weil da ein unsichtbarer Staatsanwalt in ihr hocke, der alle meine Versuche, sie zu entlasten, durchkreuze und für schuldig plädiere.

Daraufhin schlage ich ihr eine virtuelle Gerichtsverhandlung vor, in der ich das Plädoyer der Verteidigung übernähme. Sie willigt ein. Also halte ich ein flammendes Plädoyer, das sich darauf konzentriert, deutlich zu machen, was von einem fünfjährigen Mädchen erwartet werden kann und darf und was nicht. Mein Plädoyer gipfelt in einem Bild: „Hohes Gericht, diese Frau ist von einem anderen Auto von der Straße abgedrängt worden und hat vor dem Absturz des Wagens in die Tiefe das Fenster eingeschlagen, um sich zu retten. Jetzt kommt der Staatsanwalt und verklagt sie wegen Einschlagens der Fensterscheibe. Das ist lächerlich ..."

Noch während meines Plädoyers nehme ich wahr, dass mein Gegenüber zu weinen beginnt. Ich unterbreche die virtuelle Verhandlung und werde still; ich versuche, Kontakt aufzubauen. Die Frau schluchzt und lacht gleichzeitig. Sie habe – so sagt sie – bereits den Gerichtssaal verlassen, nachdem die Beweisführung der Anklage zusammengebrochen sei. Nun sei sie traurig über das, was da mit ihr passiert sei.

„Können Sie denn den Freispruch annehmen", frage ich sie? „Nein", sagt sie, „das war doch nur ein Spiel im Gerichtssaal. Das war doch nicht real. Eben waren Sie doch nur in der Rolle des Verteidigers." „Gut", antworte ich, „dann sage ich es Ihnen als Stephan Noesser, der hier in der Poststraße 19 wohnt, dessen Adresse Sie also kennen und den Sie infolgedessen, solange er lebt, daraufhin ansprechen dürfen [hier hole ich tief Luft, verspüre eine Mischung aus Entschlossenheit und Angst und sage]: „Sie sind unschuldig"!

Die Wirkung meiner Worte ist ganz anders als im Rollenspiel, im virtuellen Gerichtssaal. Sie zuckt zusammen, ihre Gesichtsmuskeln entgleiten ihr. Sie kämpft um ihre Beherrschung. Zum ersten Mal habe ich den Eindruck, dass sie wirklich hinhören kann. Sie kann ihren Freispruch hören und annehmen. Sie sagt, während sie weint: „Das ist traurig-schön! Ich kann es gar nicht glauben, innen drin freue ich mich, es sind keine Riesensprünge, aber ich freue mich ..."

5. Vier Gründe für die Relevanz dieses Beispiels

Ich habe dieses Beispiel aus verschiedenen Gründen ausgewählt:

1. Es beschreibt *keine Ausnahmesituation*, sondern etwas, das in meiner Seelsorgepraxis – und zwar in meiner psychotherapeutischen Praxis genauso wie in der Gemeindeseelsorge – in verschiedenen Varianten immer wiederkehrt: innere, anklagende Stimmen, denen Menschen ausgeliefert sind und die nicht nur typisch für Erfahrungen von Missbrauch sind! Das Beispiel beschreibt auch die Unfähigkeit vieler Menschen, Wertschätzung bzw. einen Zuspruch überhaupt annehmen zu können, sowie die Schwierigkeit, ein Ja zum eigenen Leben zu erlangen, wenn für diese Selbstbejahung jedes Fundament fehlt. Es ist meines Erachtens leider kein extremes Beispiel, sondern in mancherlei Hinsicht sogar ein typisches Beispiel.

2. Es ist ein Beispiel für *Seelsorge als Lebenshilfe* (im Sinne Friedhelm Stichts).

3. Es beschreibt im Unterschied zum Zuspruch der Predigt anschaulich *das Spezifische der seelsorglichen Situation*: Wir dürfen Fehler machen, sogar fatale Fehler, wie ich sie in diesem Beispiel gemacht habe, die aber – im Gegensatz zu fatalen Predigtfehlern – im Gesprächsprozess allesamt korrigierbar sind, sofern wir als Seelsorger eine emotionale Kompetenz erlangen, feinfühlig auf den Prozess hören und ein stabiles Vertrauensverhältnis zu demjenigen aufbauen konnten, der unseren Beistand sucht. Ansprüchlichkeiten und falsche Ansprüche können dann „entgöttert" werden.

4. Das Beispiel hilft uns bei dem Versuch, die *Bedeutung der Formel „Gesetz und Evangelium" für heute* zu verstehen und das Verhältnis von Anspruch und Zuspruch im Gesprächsprozess zu reflektieren.

6. Auswertung des Beispiels für unser Thema

Ich möchte nun einige Fragen formulieren, die sich aus dieser Erfahrung für mich und hoffentlich für uns alle ergeben:

6.1 Fragen nach der Sachgemäßheit des Beispiels für unser Thema

6.1.1 *Kommt in unserem Beispiel das Evangelium von Jesus Christus überhaupt zum Tragen? Worin besteht der Unterschied zwischen dem (bloß) menschlichen Zuspruch und dem Zuspruch des Evangeliums von Jesus Christus?*

Zunächst scheint das Beispiel nicht sachgemäß zu sein, denn mein Zuspruch ist in der Tat kein Zuspruch des Evangeliums im Sinne der Formel von „Gesetz und Evangelium". Der Freispruch ist keine Absolution, keine Sündenvergebung! Das Beispiel bleibt im Bereich des 1. Artikels. Hier geht es zunächst um menschlichen Zuspruch, um die Erlangung des Lebensrechtes für einen Menschen als Geschöpf Gottes. Mein Zuspruch berührt die Schöpfungsordnung, nicht die Heilsordnung Gottes.

In dem von mir ausgewählten Beispiel wird ein Mensch von richterlichen Instanzen gequält, die seine Verurteilung betreiben, und das nicht erst seit gestern, sondern schon ein Leben lang. Nach dem Gespräch, in dem die Frau ihre Situation mir gegenüber öffnet, empfindet sie sich als nicht gleichwertig und als so „verrucht", dass sie sich nach einem unserer Gespräche schämte, mir noch die Hand zu geben. Denn ich sei ja schließlich „Pastor" und sie ein „verworfenes Subjekt".

Die Frau hatte, vorsichtig ausgedrückt, nur ein begrenztes Lebensrecht. Sie kam zu mir in meine psychotherapeutische Praxis, nachdem sie mich im ökumenischen Kontext der Stadt kennengelernt hatte. Sie wusste, dass ich „Pastor" war. In diesem Falle verläuft unser Gesprächskontakt vor dem Hintergrund eines Deutehorizontes, der spezifisch christlich ist. Wolfgang Drechsel, Praktischer Theologe in Heidelberg, bezeichnet diesen Horizont als „Du und ich und unsere Wirklichkeit vor Gott". Dieser Rahmen ist präsent, so Drechsel, „auch wenn im ganzen Gespräch kein Wort religiöser Sprache gesprochen wird"[16].

Sie erlebt ferner diesen christlichen Rahmen – sofern ich ihn selber als realen Horizont des Gespräches bewusst akzeptiere und mit einbeziehe – als eine Würdigung ihrer Person.[17] Sie erlebt sich in unserer Begegnung – da sie einen religiösen Hintergrund hat und die Wirklichkeit Gottes ihr etwas bedeutet – auch von Gott her als gewollt und angenommen, wenn sie erfährt: Hier meint man es gut mit mir.

Gottes Zuspruch ist für alle Menschen vorausgehender Zuspruch! Es gibt keinen größeren Zuspruch als die Erfahrung der Annahme ohne Bedingungen. Anschaulich wird diese Erfahrung im Handeln Jesu an dem Kollaborateur und Zöllner Zachäus (Lk 19,1-10), der sich von der Gesellschaft ausgestoßen und minderwertig fühlte. Auch gegenüber der Ehebrecherin handelt Jesus, indem er sie vor denen schützt, die sie verurteilen, um ihr erst dann zu sagen: „Sündige von nun an nicht mehr" (Joh 8,1-11).

So wie Jesus sich ganz mit der durch und in seinem Handeln anbrechenden *basileia tou theou* (Königsherrschaft Gottes) identifiziert, bin auch ich in diesem Moment ganz mit dem Anspruch des Gottesreiches und dem Anspruch Jesu identifiziert, die Gefangenen freizulassen und den Armen die Frohe Botschaft zu verkündigen (Lk 4,16-21; vgl. Jes 61,1-2). Aber ist diese Annahme des Sünders schon seine Rechtfertigung? Können wir bei dem von mir angeführten Beispiel dem zustimmen, was Wolfgang Drechsel sagt?

---

[16] Wolfgang Drechsel, Zwischen Zuspruch, Anspruch und Einspruch. Zur Frage nach einer Seelsorge von übermorgen; in: Transformationen. Pastoralpsychologische Werkstattberichte, 4. Jg., Heft 4, 2004, S. 8.

[17] Ob durch eine solche Würdigung im seelsorglichen Rahmen aber schon eine „theologische Grundlegung im Sinne des Zuspruchs der rechtfertigenden Gnade Gottes zum Ausdruck kommen kann" (Drechsel, Zuspruch, S. 10), wage ich zu bezweifeln.

„Solch eine Würdigung des Seelsorgepartners, der Seelsorgepartnerin ohne Vorleistung, ohne gestellte Bedingung und ohne Verpflichtung und um seiner selbst willen erhält durch den *Rahmen Seelsorge* eine Dimension, die eben nicht durch den Seelsorger, die Seelsorgerin eingeholt werden kann und eingeholt werden muss: Durch alle persönlichen Unzulänglichkeiten des Seelsorgers hindurch kann sich so etwas wie eine Perspektive auf den rechtfertigenden Gott hin eröffnen."[18]

Meine Antwort ist hier: Nein! Denn der Rahmen und die Voraussetzungen, unter der die Frau zu mir kam, legitimieren es nicht zu sagen, dass die Frau *zur Seelsorge* zu mir kam. Deshalb kann sich meines Erachtens keine Perspektive auf den rechtfertigenden Gott öffnen. Das Gespräch verläuft zwar vor einem (im weiteren Sinne) christlichen Hintergrund, weil ich Pastor bin. Aber die Frau suchte keine Begegnung mit Gott, sondern gezielt psychotherapeutische Lebenshilfe. Dennoch frage ich: Wäre dieses Gespräch ein ausdrücklich seelsorgerliches gewesen, wäre es dann legitim, in dem berichteten Zuspruch auch einen Zuspruch des Evangeliums zu sehen?

6.1.2 Woher nehme ich die Vollmacht zum Freispruch?

Die Vollmacht (Autorität) zum Freispruch kommt von meinem Heilungsauftrag, der durch meine Zulassung als psychotherapeutischer Heilpraktiker gedeckt ist. Es ist legitim, meiner Klientin den Freispruch uneingeschränkt, ohne Bedingung zuzusprechen, da es sich hier um unangemessene Schuldgefühle handelt, ihre vermeintliche Schuld also bei ihr auf einem Missverständnis beruht. Weil ich mit meiner ganzen Überzeugungskraft und Rolle hinter diesem Freispruch stehe, zeigt er Wirkung. Aber natürlich steht für mich das Handeln Jesu, sein Kampf mit den Mächten dieser Welt, die den Menschen verklagen, im Hintergrund. Der Ankläger oder Staatsanwalt, der meine Klientin verklagt, hat für mich ohne Zweifel einen diaboli-

---

[18] Drechsel, Zuspruch, S. 10.

schen Charakter: Er ist der Verkläger! Deshalb steht für mich in diesem Moment hinter meinem Zuspruch sehr wohl auch die Vollmacht und der Auftrag Jesu Christi, auch wenn ich das in dieser Situation der Frau gegenüber noch nicht öffne.

6.2 Was sagt dieses Beispiel aus über das Verhältnis von Zuspruch und Anspruch im Sinne von Gesetz und Evangelium?

Die Frau hat zunächst ein „traumatisches Schuldgefühl"[19], wie es bei Missbrauchsopfern gerade im familiären Kontext oft begegnet[20]. Dann beschuldigt sie sich, ein Doppelleben geführt zu haben. Das ist kein Produkt ihrer Fantasie, sondern – wie ich mich durch vorsichtige Andeutungen überzeugen kann – tatsächlich ein Teil ihres Lebens gewesen. Sie hält ihren Lebensentwurf selber – aus Sicht des Teils, den sie zur bürgerlichen Fassade erklärt – für moralisch verwerflich. Andererseits bestätigt und bestärkt sie dieser Lebensentwurf auch in dem, was mit ihr als Kind bereits passiert ist: Der Zugang zum Leben der anderen war ihr verwehrt. Sie wurde zurückgestoßen, verworfen. Sie erlebt sich als Ausgestoßene, die dieses Ausgestoßensein als ihre Identität akzeptieren lernen musste. Andererseits lieferte ihr die Erfahrung des Verworfenseins die Legitimation, sich all das, was sie für ihr Leben als Bestätigung, Wertschätzung und Liebe brauchte, in ihrer bürgerlichen Existenz aber nicht bekam, in außerehelichen Beziehungen zu holen.

---

[19] Von der Kategorie des „traumatischen Schuldgefühls" spricht explizit Matthias Hirsch in: ders., Schuld und Schuldgefühle. Zur Psychoanalyse von Trauma und Introjekt, Göttingen ²1999; vgl. dazu auch Eschmann, Theologie der Seelsorge, S. 172-174. Doch die Unterscheidung von Schuld und Schuldgefühl bzw. adäquaten und neurotischen Schuldgefühlen ist – Gott sei Dank – in den heutigen Seelsorgelehren gängig. Vgl. Eschmann, Theologie der Seelsorge, S. 152-190; Klessmann, Pastoralpsychologie, S. 597-628; Wybe Zijlstra, Handbuch zur Seelsorgeausbildung, Gütersloh 1993, S. 97; Eberhardt, Seelsorge-Theologie, S. 192.
[20] Vgl. Eschmann, Theologie der Seelsorge, S. 174.

Aufgrund meiner langjährigen Begleitung von Missbrauchsopfern war mir dieser Zusammenhang sofort einsichtig.[21] Dieser Mensch gehört zwar zur evangelischen Kirche, ist konfirmiert und hat sogar Kontakt zum Pfarrer. Dennoch hat ihn der Zuspruch des Evangeliums nie erreicht, geschweige denn eine Befreiung vom „traumatischen Schuldgefühl"[22].

Ich befinde mich während des beschriebenen Gesprächsprozesses in einer Zwickmühle. Ich spüre, was unweigerlich kommen muss. Durch meinen Versuch, die Frau von dem infolge des Missbrauchs belastenden Schuldgefühl zu entlasten, kommt sie „vom Regen in die Traufe". Denn im Lichte des Freispruches bekommt sie sofort ein Problem mit ihrem Doppelleben, das sie vor sich selbst als verworfenes Geschöpf bislang legitimieren und tragen konnte. Aber nun, auf dem Weg oder bereits zurückgekehrt in das bürgerliche Leben, mit Lebens- und Bürgerrecht versehen, kann sie ihr Schuldigwerden, ihre Täterschaft an anderen im Rahmen ihres „Doppellebens" nicht mehr legitimieren. Das neue Schuldgefühl scheint nicht mehr neurotisch, sondern adäquat zu sein. Ihre grundlegende Entlastung an der einen Stelle bewirkt also sofort und unweigerlich eine neue, fundamentale Belastung an einer anderen Stelle. Zugespitzt: Sie bekennt sich im Moment des Freispruchs von der Mittäterschaft, im jähen Erkennen, dass sie unschuldiges Opfer und nicht „verworfen" ist, an anderer Stelle schuldig.

Meine Gesprächspartnerin äußert das auch, gibt mir, noch bevor sie den Freispruch von der Schuld hören kann (also noch in der Phase des Ahnens einer solchen Möglichkeit!), mehrere Signale, dass sie dann

---

[21] Meine Erfahrung bestätigt, was Sabine Bobert als Kernsatz in ihrem Artikel über „Trauma und Schuld" formuliert: „Aufgrund von Langzeitfolgen werden viele Betroffene gesellschaftlichen, eigenen und religiösen Normen nicht mehr gerecht (sekundäre Schuldfelder)". Vgl. Sabine Bobert, Trauma und Schuld: Fremder Schuld geopfert sein; in: Wege zum Menschen 56, Göttingen 2004, S. 421.

[22] Eine entsprechende Erfahrung lässt den praktischen Theologen und Pfarrer Joachim Scharfenberg zum Psychoanalytiker werden. Eine Frau sagte ihm, „ihre Schuldgefühle seien keineswegs behoben, sie sei aber auch schon bei dreißig Pastoren zur Beichte gewesen, und keiner habe ihr helfen können." „Da beschloss ich", so Scharfenberg selber, „Psychoanalytiker zu werden" (Einführung in die Pastoralpsychologie, Göttingen ²1990, S. 15).

für ihr Doppelleben keine Entschuldigung mehr habe und infolgedessen die Verantwortung für ihre Taten übernehmen müsse. Sie spürt also hier einen Anspruch in ihrem Gewissen und weiß, dass sie infolge des Missbrauchs selber zur Täterin wurde. Diese Ahnung, dass sie jetzt an ganz anderer Stelle schuldig ist, führt sogar zu einer Verzögerung unseres Gesprächsprozesses, mit anderen Worten: Sie weicht immer wieder aus und fragt sich andererseits, warum sie ausweicht.

Was bedeutet das für unsere Fragestellung? Der Zuspruch der bedingungslosen Annahme in unserem Beispiel führt zwar in diesem Falle sofort zum Anspruch – genau wie bei Zachäus –, aber er selber ist deshalb kein Anspruch. Meine Gesprächspartnerin kann sich nicht mehr einverstanden erklären mit ihrer destruktiven und zwielichtigen Lebensform. Sie sucht sofort nach einer neuen, aufrichtigen Lebensform. Ein gesunder Impuls![23] Sie hat jetzt einen neuen Anspruch, der ausgelöst durch den Zuspruch von innen heraus da ist. Ich muss ihr nicht erst mit dem Gesetz kommen. Der Anspruch entsteht in ihr selber, nachdem und weil sie Zuspruch und Annahme erlebt hat.

Ab einem gewissen Punkt in unserem Gespräch verstand ich ihr Dilemma. Aber was sollte ich tun? Sie meinte, als verworfenes Subjekt mit Doppelleben kein Lebensrecht zu haben. Indem ich aber nun ihren inneren Zwiespalt aufgriff und einräumte, dass auch Opfer an anderer Stelle zu Tätern werden können, verstärkte ich damit (rein quantitativ) die kritischen Instanzen in ihr derart, dass infolgedessen der sich bereits anbahnende Freispruch verblasste und wirkungslos wurde. Sie wiederum beschrieb diesen Gesprächsabschnitt später mit einem „Fundament, das Risse bekommen habe". In dieser Phase des Gespräches war ich zum Gesetzesprediger geworden.

Ich habe ihr also einerseits das Recht auf ein neues Leben im Zuspruch und Freispruch eröffnet und es ihr andererseits durch die Betonung eines damit zusammenhängenden Anspruchs gleichzeitig wieder entzogen. Ich erlebte ein erschreckendes, anschauliches Beispiel, wie in die Zelle eines Gefangenen das Licht des Freispruches dringt,

---

[23] Mit dem Zu- und Freispruch wird nach Martin Buber sofort das Neue hervorgeholt. Vgl. Martin Buber, Nachlese, Gerlingen ³1993, S. 168.

dieses Licht aber gleichzeitig auch Schatten wirft und zum Schuldspruch an anderer Stelle wird. Denn der Freispruch ist noch kein eschatologischer Freispruch, kein Zuspruch der Rechtfertigung in Jesus Christus. Vom Freispruch von Schuld und Sünde war hier noch gar nicht die Rede. Was nun bedeutet das?

7. Fazit: Evangelium und Gesetz als Zuspruch und Anspruch in der Seelsorge

Wenn ich mein Beispiel vom Freispruch zu systematisieren versuche, so möchte ich behaupten: Die traditionelle Formel „Gesetz und Evangelium" ist meines Erachtens tatsächlich auch systematisch ergänzungsbedürftig. Wie die Erfahrung in der Seelsorge zeigt (mein Beispiel könnte auch genauso in einem ausdrücklich seelsorglichen Kontext stattfinden), muss sie heute in einer nachchristlichen Gesellschaft, in der sich Menschen nicht mehr selbstverständlich unter dem Anspruch des göttlichen Gesetzes stehend erleben, ergänzt werden. Heute greift also weder die Formel „Gesetz und Evangelium" wie bei Martin Luther noch die Formel „Evangelium und Gesetz" wie bei Karl Barth. Denn im Falle eines Menschen, der für sich gar kein Lebensrecht hat, ergibt es wenig Sinn, Gesetz zu predigen, bevor er sich nicht angenommen und geliebt weiß. Genauso wenig aber ergibt es Sinn, das Evangelium als eschatologischen Freispruch, als Rechtfertigung des Sünders aus Gnade zu verkündigen, wo noch überhaupt keine Schulderkenntnis da ist. Die Formel muss meiner Meinung nach deshalb heute lauten: „Annahme (des Menschen), Gesetz und Evangelium".

8. Nachtrag (Gespräch und E-Mail-Austausch mit Wilfried Härle)

Am Ende meines hier abgedruckten Vortrags berichtete ich meinen Zuhörern von einem Gespräch mit Professor Wilfried Härle, ebenfalls Referent während der Theologischen Woche, über die Frage, ob die traditionelle Formel von „Gesetz und Evangelium" nicht doch heutzutage ergänzungsbedürftig sei. Ich versprach meinen Zuhörern, dieses Gespräch fortzuführen und das Ergebnis mitzuteilen.

Folglich schickte ich Wilfried Härle meinen Vortrag mit der Bitte, anhand meines geschilderten Beispiels etwas differenzierter Stellung zu nehmen zur Frage der Ergänzungsbedürftigkeit dieser alten Formel. In dem daraufhin folgenden, längeren E-Mail-Austausch hat Professor Härle unter Vorbehalt dazu die Auffassung vertreten: „Die Ergänzungsbedürftigkeit der Formel sehe ich (noch) nicht. Aber ich überlege seit unserem kurzen Gespräch in Ewersbach, ob nicht bei der ganzen Kommunikation mittels Gesetz und Evangelium schon eine Grundform von Anerkennung und Annahme vorauszusetzen ist, die sich darin zeigt, dass es überhaupt zu dieser Kommunikation (mit rettender, vergebender Intention) kommt. Ich bin mir da aber nicht sicher. Mir scheint, die paulinische Einsicht, dass das Gesetz von Gott zum Leben gegeben ist, reicht dafür aus. Das versteht sich aber nicht (mehr) von selbst und muss deshalb ausdrücklich mitkommentiert werden."

Über die Autoren

Dr. Frank Crüsemann ist Professor für Altes Testament an der Kirchlichen Hochschule Bethel.

Dr. Hans-Joachim Eckstein ist seit 2001 Professor für Neues Testament an der Evangelisch-theologischen Fakultät der Universität Tübingen, zuvor an der Universität Heidelberg.

Otto Imhof ist Direktor des Diakonischen Werks Bethanien.

Michael Schröder ist Rektor des Theologischen Seminars Ewersbach in Dietzhölztal. Er unterrichtet die Fächer Kirchengeschichte, Neues Testament und Griechisch.

Dr. Christoph Schrodt ist Pastor der Freien evangelischen Gemeinde Böblingen.

Ernst Kirchhof ist Pastor der Freien evangelischen Gemeinde Wuppertal-Vohwinkel.

Wolfgang Theis ist Dozent am Theologischen Seminar Ewersbach in Dietzhölztal. Er unterrichtet die Fächer Praktische Theologie, Religionspädagogik und Rhetorik.

Stephan Noesser ist Pastor der Freien evangelischen Gemeinde Langenfeld und Transaktionsanalytiker mit einem eigenen psychotherapeutischen Institut.